DIREITO ILEGÍTIMO E POSITIVISMO

DIREITO ILEGÍTIMO E POSITIVISMO

AUTORIDADE, RAZÃO E PRÁTICA SOCIAL EM JOSEPH RAZ

2023

Rubens Glezer

ALMEDINA

DIREITO ILEGÍTIMO E POSITIVISMO
AUTORIDADE, RAZÃO E PRÁTICA SOCIAL EM JOSEPH RAZ

AUTOR: Rubens Glezer

DIRETOR ALMEDINA BRASIL: Rodrigo Mentz
EDITORA JURÍDICA: Manuella Santos de Castro
EDITOR DE DESENVOLVIMENTO: Aurélio Cesar Nogueira
ASSISTENTES EDITORIAIS: Larissa Nogueira e Letícia Gabriella Batista
ESTAGIÁRIA DE PRODUÇÃO: Laura Roberti

DIAGRAMAÇÃO: Almedina
DESIGN DE CAPA: Roberta Bassanetto

ISBN: 9786556278117
Abril, 2023

Dados Internacionais de Catalogação na Publicação (CIP)
(Câmara Brasileira do Livro, SP, Brasil)

Glezer, Rubens
Direito ilegítimo e positivismo : autoridade, razão e prática social em Joseph Raz / Rubens Glezer. -- 1. ed. -- São Paulo : Almedina, 2023.

Bibliografia.
ISBN 978-65-5627-811-7

1. Filosofia do direito 2. Positivismo jurídico
3. Raz, Joseph, 1939-2022 - Crítica e interpretação
I. Título.

23-144825 CDU-340.12

Índices para catálogo sistemático:

1. Positivismo jurídico : Filosofia do direito
340.12
Aline Graziele Benitez - Bibliotecária - CRB-1/3129

Este livro segue as regras do novo Acordo Ortográfico da Língua Portuguesa (1990).

EDITORA: Almedina Brasil
Rua José Maria Lisboa, 860, Conj.131 e 132, Jardim Paulista | 01423-001 São Paulo | Brasil
www.almedina.com.br

PREFÁCIO
BOAS RAZÕES PARA LER ESTE LIVRO

Carlos Eduardo Batalha*

Quem quer que já tenha se aventurado pela obra de Joseph Raz conhece a experiência de insólito. Não há como passar por suas reflexões sem ficar desconcertado. O leitor habituado ao espanto admirativo, que Aristóteles considerava como princípio deflagrador da busca pelo saber, encontra em Raz outra situação e enfrenta uma forma de argumentar tão inusitada e singular que parece transformar a análise conceitual em um curioso instrumento de desordem do pensamento. O próprio pensador é atingido por sua atitude e admite isso. "Não posso mais ignorar a estranheza da visão que estou defendendo", disse Raz certa vez[1]. No entanto, o principal atingido por suas reflexões talvez seja mesmo seu leitor, que precisa lidar com textos que surpreendem tanto pelas ideias quanto pelo desenvolvimento bastante árido e desafiador, especialmente para quem se aproxima da filosofia apenas sob a forma de sistemas e esquemas doutrinários.

* Professor Titular da Faculdade de Direito de São Bernardo do Campo (FDSBC). Professor Titular do curso de Direito do Centro Universitário FAAP – Fundação Armando Alvares Penteado. Doutor em Filosofia (FFLCH-USP).

[1] Raz, Joseph. The myth of instrumental rationality. *Journal of ethics and social philosophy*, vol. 1, n. 1, April 2005, p. 23.

Quem imagina encontrar na obra de Raz uma teoria jurídica voltada para a discussão do *conceito* de direito já se surpreende ao perceber que está diante de algo mais complexo, constituído por uma filosofia moral e política, que ultrapassa o estudo de "nossa cultura e seu conceito de direito" para se propor a tarefa de estudar "a *natureza* de instituições do tipo designado pelo conceito de direito"[2]. Da mesma forma, quem acredita que se trata de uma filosofia do direito e que os juristas filósofos se ocupam principalmente da explicação de práticas de adjudicação e interpretação fica atrapalhado ao ver Raz distinguindo direito (*law*) e argumentação jurídica (*legal reasoning*) para afirmar que a tarefa da filosofia jurídica é dar conta do primeiro, quase relegando a argumentação e o raciocínio especificamente jurídicos a um plano secundário[3]. Quem, por sua vez, espera que o pensamento de Joseph Raz se torne claro no contexto da tradição do "positivismo jurídico" também acaba se frustrando diante de uma famosa advertência feito do próprio pensador: "talvez seja hora de esquecer os rótulos e considerar as opiniões dos vários escritores dentro dessa tradição *em seus próprios termos*"[4].

De fato, seu entendimento da tese das fontes sociais e da tese da separação conceitual entre direito e moral é muito particular e, para além disso, Raz ainda trabalha com outros pressupostos que acabam por distanciá-lo de teóricos com os quais, à primeira vista, possuiria enorme afinidade. A distância perante a obra de Hans Kelsen, por exemplo, se manifesta de imediato, no ataque de Raz à impossibilidade kelseniana da razão prática e à proposta de que a saída para a crise da Teoria Geral do Estado estaria em uma compreensão jurídica da unidade política, que definiria o Estado como ordenamento jurídico relativamente centralizado

[2] Raz. Joseph. Pode haver uma teoria do direito? In: VVAA. *Uma discussão sobre a teoria do direito – Joseph Raz, Robert Alexy, Eugenio Bulygin*. São Paulo: Marcial Pons, 2013, p. 83-84, grifo nosso.

[3] Raz, Joseph. *The authority of law – Essays on law and morality*. Oxford: Oxford University Press, 1979, p. 82; Raz, Joseph. On the autonomy of legal reasoning. In: *Ethics in the public domain – Essays in the morality of law and politics*. Oxford: Oxford University Press, 1995, p. 326; Schauer, Frederick. Social science and the philosophy of law. In: Tasioulas, John (ed.). *The Cambridge companion to the philosophy of law*. Cambridge: Cambridge University Press, 2020, p. 110.

[4] Raz, Joseph. The argument from justice, or How not to reply to legal positivism. In: Pavlakos, George (ed.). *Law, rights and discourse – The legal philosophy of Robert Alexy*. Oxford: Hart Publishing, 2007, p. 17, grifos nossos.

e compreenderia a coerção estatal como um poder autorizado. Essa proposta, aliás, aparece para Raz como "um dos mais graves equívocos de Kelsen", pois prejudica o entendimento da identidade do sistema jurídico e esquece que "uma teoria do direito deve ser baseada, pelo menos em parte, em uma teoria do Estado, [assim como] uma teoria do Estado é parcialmente baseada em uma teoria do direito"[5]. A teoria raziana da autoridade não pode, portanto, ser derivada da ideia kelseniana de poder autorizado. Ela se situa mais próxima do universo hartiano das razões para ação. Entretanto, também perante a teoria de Herbert Hart existem relevantes pontos de distanciamento, na medida em que Raz não apenas renuncia à abordagem hartiana da criação da autoridade por meio de "cooperação voluntária" (*voluntary co-operation*)[6], mas também contesta a utilidade da distinção entre ponto de vista interno e ponto de vista externo no âmbito do estudo da natureza do direito[7], desenvolvendo sua compreensão da normatividade por meio de uma espécie de inversão da proposta teórica de Hart. Em vez de identificar regras como *razões para ação* (no sentido de referências usadas para justificação ou reprovação de uma ação), Raz percorre o caminho contrário, deslocando seu foco de investigação para o que acontece quando algumas razões para ação (no sentido de referências que dizem a favor de uma ação e, portanto, derivam de valores) são, *de fato, regras*. É nesses termos que sua filosofia do direito discute, antes de tudo, as implicações conceituais das deliberações em que se apela para a autoridade de uma regra[8].

[5] RAZ, JOSEPH. *The authority of law – Essays on law and morality.* Oxford: Oxford University Press, 1979, p. 99.

[6] Hart entende que: "Sem a cooperação voluntária deles [os membros da sociedade], assim criando *autoridade*, o poder coercivo do direito e do governo não pode estabelecer-se" (HART, HERBERT L.A. *The concept of law*, 2.nd ed. Oxford: Claredon Press, 1994, p. 201, grifo do original.). Um contraste interessante entre essa abordagem baseada na vontade (teoria da autoridade em Hart) e uma abordagem baseada em razões (teoria da autoridade em Raz) – seguida por uma peculiar comparação dessas abordagens com uma abordagem da autoridade do direito baseada em emoções – pode ser encontrada em: DEIGH, JOHN. Emotion and authority of law. In: BANDES, SUSAN (ed.). *The passions of law.* New York: New York University Press, 1999, p..297-306.

[7] RAZ, JOSEPH. *The authority of law – Essays on law and morality.* Oxford: Oxford University Press, 1979, p. 153-157.

[8] RAZ, JOSEPH. *Practical reasons and norms.* Oxford: Oxford University Press, 2002, p. 15-20, 62-71 e 205.

Rubens Glezer tem consciência e pleno domínio dessas peculiaridades. Sua pesquisa sugere ao leitor que as reflexões de Raz estão enraizadas em "uma visão claramente anti-kantiana" da moralidade, que pode fazer mais sentido se vinculada ao entendimento da legalidade presente na teoria hobbesiana do comando, em particular à ideia de que a lei desempenha um papel especial no raciocínio prático dos súditos de um soberano[9]. É bem possível que Hobbes seja o motor do *topsy-turvy* raziano e o verdadeiro limite que faz com que o filósofo israelense pouco se ocupe em compreender a situação e o impacto dos raciocínios práticos dentro de um sistema de normas jurídicas, e mais se interesse pela compreensão, no interior conflitos práticos cotidianos, da situação e do impacto da alegação de autoridade. Ter essa clareza e essa lucidez sobre os limites de Raz conta, sem dúvida, a favor do livro que aqui se apresenta.

Trata-se, pois, de uma pesquisa exemplar quanto ao cuidado necessário para transitar por diversos aspectos das obras de Joseph Raz sem recair em armadilhas comuns entre seus interlocutores e comentadores. Sua perspicácia e atenção aos "próprios termos" de filósofo auxiliam o leitor a se introduzir nas concepções e teses razianas sem esconder as complexidades do raciocínio que lhes sustenta. A contribuição deste livro, porém, não se reduz à demonstração de uma exegese diligente. Seu entendimento das concepções razianas de "normatividade, "razões exclusionárias", "autoridade alegada" e "autoridade explícita" lhe permite demonstrar também que algumas das mais conhecidas críticas dirigidas a essas concepções por um conjunto relevante de autores (do qual se destacam autores como Dworkin, Stavropoulos, Postema, Himma, Perry e Patterson) não podem ser tratadas como "reais divergências", uma vez que uma armadilha montada por um pressuposto ontológico, sutilmente presente na noção raziana de "prática social", não foi desarmada e costuma a ser, até mesmo, ignorada. A pesquisa desenvolvida por Rubens Glezer se destaca, assim, pela originalidade e pela ousadia

[9] Como adverte Gérard Lebrun, ainda que a moralidade kantiana não se harmonize com a política hobbesiana, é possível afirmar que racionalistas como Kant continuaram a conceber o poder como "instância encarregada de limitar o arbítrio dos indivíduos, [...] com a finalidade de conquistar a sociedade, isto é, politizá-la". Assim, é possível os racionalistas "se limitaram a transpor o esquema de Hobbes – sorrateira e invisivelmente". Cf. Lebrun, Gérard. *O que é poder*. São Paulo: Brasiliense, 1994, p. 72. Tal advertência parece servir também para a razão prática de Joseph Raz.

de deixar às claras uma problemática premissa que atinge não só a compreensão da teoria de Raz mas o próprio debate da teoria analítica do direito em sua matriz anglo-saxônica.

Esse debate, aliás, bem pode ser considerado como o verdadeiro objeto da pesquisa de Rubens Glezer. A estrutura de sua argumentação ao longo deste livro parece confirmar essa impressão: pouco a pouco, a análise da obra de Raz dá lugar a outra discussão, sobre a recepção da obra pela comunidade dos teóricos do direito. Ainda que o primeiro capítulo se proponha a organizar uma sistematização das principais premissas, concepções e teses articuladas por Raz – o que resulta em uma exposição clara e nada esquemática do raciocínio que conduz o filósofo à tradicional conclusão positivista de que um sistema normativo pode ser reconhecido como jurídico ainda que o conteúdo de seus enunciados seja imoral –, tal sistematização funciona, mais propriamente, como uma demonstração da consistência interna da teoria e uma preparação para sustentabilidade das propostas de Raz no contexto do debate com outras teorias. Após essa preparação, o "conflito das filosofias"[10] poderá, então, ser deflagrado, a partir da relevação de uma premissa importante do pensamento raziano sobre a natureza das práticas sociais: a ausência de uma normatividade intrínseca a elas. Com isso, Raz se colocará como um autor à parte no debate da teoria do direito do século XX, muitas vezes incompreendido por seus pares, por ser capaz de discordar de Kelsen quanto à ideia de razão prática, mas, ao mesmo tempo, acabar por concordar com ele, ao insistir em uma curiosa cisão entre "entender"

[10] O objeto que interessa a Rubens Glezer pode ser, nesses termos, aproximado a alguns dos problemas discutidos por Oswaldo Porchat Pereira em seu conhecido texto sobre "os espectadores da história da filosofia que nela descobrem a história do desacordo entre os filósofos quanto às soluções, aos problemas e ao mesmo objeto de sua especulação". Cf. Pereira, Oswaldo Porchat. "O conflito das filosofias". In: *Vida comum e ceticismo*, São Paulo: Brasiliense, 1993, p. 15-17. É discutível, porém, se a investigação proposta de Glezer a partir (mas não exatamente sobre) Raz confirma a percepção de Porchat de que "o conflito das filosofias não se resolve e decide senão no interior de cada uma delas, na medida em que se instaura como recusa inexorável da validade das outras e como desqualificação radical de suas oponentes". A proposta de Glezer não se dirige à questão do dogmatismo filosófico, nem se sustenta apenas na "lógica interna" à teoria de Raz (sistematizada no início deste livro), recorrendo também recorre a outras abordagens sobre a tensão permanente entre o ontológico e o epistemológico, como, por exemplo, a hermenêutica de Paul Ricoeur (que aparece de modo discreto – mas fundamental – na conclusão deste livro).

(conhecer a existência e alcançar a inteligibilidade do conteúdo de) uma regra e "saber (como se deve) aplicá-la (corretamente)", a qual só consegue ganhar algum sentido no contexto de uma leitura (não só contrária a Wittgenstein, mas novamente pré-kantiana) do entendimento de Hart sobre a noção de "prática social", que seria tratada por Raz como um "fato epistemologicamente e ontologicamente objetivo".

A originalidade dessas ideias colocadas por Rubens Glezer é inegável e estimula o leitor a pensar que a epistemologia de Raz poderia ser melhor debatida se deixasse mais clara sua retomada e sua reformulação do "ponto de vista de um terceiro interessado" proposto por Kelsen para a caracterização do conhecimento das normas e da produção normativa. No âmbito da teoria pura do direito, esse ponto de vista correspondia, com certa ambiguidade, tanto à perspectiva da norma como "esquema de interpretação" quanto à perspectiva da ciência como descrição de normas em "proposições normativas" [11]. Kelsen articulava esse enfoque com vistas à delimitação de uma racionalidade própria do direito, na qual o enfoque da facticidade do fenômeno jurídico (desenvolvido pelas teorias do imperativismo e realismo jurídico) daria lugar ao enfoque da normatividade. A partir do que nos diz Glezer, é possível então pensar que Raz retoma esse "ponto de vista jurídico", evitando, contudo, o enfoque da normatividade.

Certamente, também a obra de Kelsen se desenvolve a partir da ideia de que o conhecimento da existência e do conteúdo de uma norma não pode ser confundido com saber se ela deve ser aplicada em casos concretos e de que maneira isso ocorreria. Para Kelsen, porém, essa cisão entre entender uma regra e saber aplicá-la decorre do caráter em si mesmo contraditório do conceito de razão prática. Em sua visão, "somente a razão divina pode ser razão 'prática', isto é, conhecimento legislador, só de Deus se pode afirmar que conhecer e querer são uma e a mesma coisa". O conceito de razão prática é de origem teológico-religiosa e, portanto, não pode ser admitido no âmbito de uma interpretação científica (no sentido de antimetafísica) da natureza e da socie-

[11] Kelsen, Hans. *Teoria pura do direito*. Coimbra: Arménio Amado Editora, 1984, p. 21-27; Batalha, Carlos Eduardo. Tecnologias jurídicas como racionalidade – Anotações para a discussão da relação entre razão e direito na obra de Tercio Sampaio Ferraz Jr. In: Adeodato, João Maurício. Bittar, Eduardo C. B. (org.). *Filosofia e Teoria Geral do Direito*. São Paulo: Quartier Latin, p. 251.

dade. No plano da "razão empírica do homem tal como ela efetivamente funciona", "a normação é uma função do querer, não do conhecer"[12]. O que é Raz pensa é diferente: existe uma razão prática, mas essa não pode desvirtuar a teoria do direito, a ponto de fazê-la não apenas normativa mas também (e essencialmente) moral, no sentido de uma teoria que se constitui a partir de juízos morais que avaliam as proposições jurídicas em busca fornecimento de razões obrigatórias para a ação. Sem a devida compreensão desses aspectos, contrapor-se a Raz resulta apenas em tentativas de reduzir os termos de sua teoria do direito à "agenda de uma virada metodológica"[13], o que prejudica a teoria analítica do direito e justifica sua caracterização como "desacordo não genuíno".

Nesta mesma linha de preocupação com o próprio debate filosófico, é de se notar, por fim, que a própria argumentação de Rubens Glezer também possui premissas fundamentais que não podem ser ignoradas. Sua reflexão cuidadosa, com pleno domínio da terminologia raziana e enorme clareza da caracterização dos detalhes relevantes de diferentes comentários à obra de Raz, pode criar a impressão de que as premissas utilizadas nesta pesquisa, por dever de coerência, são as premissas estabelecidas pelo próprio Raz. No entanto, a distinção nuclear deste livro entre "prática como fato" e "prática como racionalidade" não seria possível sem a proposta da virada da teoria do direito para a "teoria da ação" defendida por José Reinaldo Lima Lopes[14], orientador da pesquisa que resultou neste livro. Perceber isso corresponde a uma confirmação da existência de debates autênticos e férteis no interior da teoria jurídica brasileira. Não são muitos os livros de teoria do direito que nos permitem chegar a um diagnóstico tão otimista sobre o atual estado da arte. Há, pois, muitas boas razões para ler este livro.

[12] Kelsen, Hans. *O problema da justiça.* São Paulo: Martins Fontes, 1998, p. 86; Kelsen, Hans. Ciência e Política. In: *O que é justiça? A Justiça, o Direito e a Política no espelho da ciência.* São Paulo: Martins Fontes, 1997, p. 357.

[13] O termo "agenda" é aqui utilizado no sentido destacado por Macedo Jr., Ronaldo Porto. *Do xadrez à cortesia: Dworkin e a teoria do direito contemporânea.* São Paulo: Saraiva, 2013, p. 24-27.

[14] Cf. Lopes, José Reinaldo Lima. Entre a teoria da norma e a teoria da ação. In: Storck, Alfredo C.; Lisboa, Wladimir B.(Orgs.). *Norma, Moralidade e interpretação: temas de filosofia política e do direito.* Porto Alegre: Ed. Linus, 2009, p. 68-70; Lopes, José Reinaldo Lima. *Curso de filosofia do direito: o direito como prática.* São Paulo: Atlas, 2021, p. 107-115.

MÉTODO DE CITAÇÃO E ABREVIATURAS

Optei por abreviar nas notas de rodapé as principais obras de referência escritas por Raz, utilizadas de maneira recorrente durante a pesquisa. Contudo, tendo em vista que algumas dessas obras são compilações de artigos, quando tratar-se de algum artigo de relevância destacada, indicarei o livro e o artigo específico de onde extraí a ideia naquele excerto específico. Em situações comuns, mantive a indicação apenas do livro, ou ainda a abreviatura do livro, com a indicação completa do título do artigo referido.

PRN .... *Practical Reason and Norms*

EPD .... *Ethics in the Public Domain*
EPD-ALM.............. "Authority, Law and Morality"
EPD-PNL.............. "The Problem about the Nature of Law"

TAL.................. *The Authority of Law*

MF.................... *The Morality of Freedom*

BAI.................... *Between Authority and Interpretation*
BAI-CTBTL.......... "Can there be a Theory of Law?
BAI-TVTL............. "Two Views of the Nature of the Theory of Law"
BAI-TPA.............. "The Problem of Authority: Revisiting the Service Conception"

SUMÁRIO

INTRODUÇÃO[15]

Joseph Raz é um dos principais nomes da teoria do direito do século XX. Por isso é de se estranhar sua ausência no debate brasileiro. Algo que se torna mais inquietante ainda quando se nota que Raz é em larga medida o principal herdeiro da teoria de Hans Kelsen, cuja Teoria Pura do Direito ainda é lida como uma espécie de bíblia nos cursos de graduação país afora. Raz debateu ombro a ombro com Herbert Hart e Ronald Dworkin, se opondo a ambos em vasta obra bibliográfica, se projetando como a grande liderança intelectual do que se convencionou chamar de positivismo jurídico exclusivo ou de positivismo duro. Títulos, contudo, podem ser enganosos: há muito espaço para a moral em sua tese; muito mais do que se imaginaria do mais *rígido* dentre os positivistas.

A) Contexto, noções introdutórias e panorama da obra de Joseph Raz

Uma parte relevante da prática jurídica está ligada à imposição de condutas mesmo que contrariem os interesses, desejos ou juízos dos membros daquela comunidade política. Uma política pública impõe elementos de coordenação, que podem, por exemplo, privilegiar certos veículos de transporte, onerar o custo de construção em determinadas áreas de uma

[15] Com o objetivo de privilegiar uma leitura mais fluida, na introdução evitarei realizar notas de rodapé para todas as assertivas que são adequadamente aprofundadas e fundamentadas nos capítulos deste livro.

cidade, adotar uma estratégia específica de proteger a saúde pública, ou criar distinções para uma política fiscal. Certas leis ou decisões judiciais impõem padrões de moralidade política, como limites do uso de animais em práticas culturais, como interpretar a laicidade do estado ou a liberdade de expressão. Em qualquer um desses casos, é possível colocar em dúvida a legitimidade do Estado em impor essas obrigações a quem tenha bons motivos para discordar dessas diretrizes. Essa dúvida sobre os membros da comunidade *terem a obrigação* de obedecer às leis e decisões judiciais é tratada na teoria como uma questão de normatividade do Direito.

As diferentes formas de responder à questão da normatividade do direito permitem separar os filósofos em grandes grupos, como jusnaturalistas, positivistas e anti-positivistas. [16] Dentre cada uma dessas correntes de pensamento, há muitas divergências. Entre os positivistas se estabelece uma grande divisão entre "inclusivos" (ou maleáveis) e "exclusivos" (ou "rígidos").[17] Joseph Raz, é considerado como o principal expositor do positivismo exclusivo. [18] Uma forma recorrente de entender

[16] Para um mapeamento sofisticado, mas também eivados dos vícios próprios dessa tarefa panorâmica, vide: FINNIS, John. "Natural Law: the classical tradition". In: COLEMAN, Jules; SHAPIRO, Scott. (Eds.) *The Oxford Handbook of Jurisprudence & Philosophy of Law*. Oxford: OUP, 2002, pp. 1-60.

[17] Há diferentes formas de se referir a essa ruptura no positivismo, como inclusivista/exclusivista, "soft"/"hard" ou positivo/negativo. Se eu pudesse ignorar os termos convencionalmente aceitos, eu utilizaria a divisão entre inclusivo/excludente, contudo esse me parece um debate demasiadamente conturbado para que novos termos possam gerar qualquer benefício.

[18] MacCormick, de modo semelhante a Patterson, afirma que Raz oferece sem dúvida alguma a melhor defesa oferecida possível para a tese de independência conceitual entre direito e moral, enquanto Dworkin o chama do "discípulo mais proeminente de Hart". Outros autores como Julie Dickson e tantos outros se referem a ele como o principal expoente do positivismo jurídico exclusivo. *Cf.* MACCORMICK, Neil. "Contemporary Legal Philosophy: The Rediscovery of Practical Reason". *In: Journal of Law and Society*, Vol. 10, n. 1, 1983, p. 6; PATTERSON, Dennis. "Recent and Future Concepts of Law: From Conceptual Analysis to a Practice Theory of Law.". *In:* MOOTZ III, Francis J. (ed.). *On Philosophy in American Law*. New York: Cambridge University Press, 2009, p. 225; DWORKIN, Ronald. *Justice in Robes*. Cambridge: Harvard University Press, 2006, p. 32. Diversos autores, como Julie Dickson, Brian Bix, Jules Coleman e outros tratam Raz como um dos principais teóricos do direito no debate contemporâneo e principal expositor do positivismo jurídico exclusivo. Vide, por exemplo, DICKSON, Julie. "Law and Its Theory: a Question of Priorities". *In:* GEORGE, Robert P. (Ed.). *Reason, Morality and Law*. Oxford: Oxford University Press, 2013, p. 362; BIX, Brian. "Legal Positivism". *In*: GOLDING, M. P.; EDMUNDSON, W. A. (Eds.). *The Blackwell Guide*

essa divisão implica tratá-la como uma disputa sobre os critérios corretos para identificar a existência e o conteúdo de normas jurídicas. Positivistas inclusivos reconhecem que a moral pode ser utilizada como um critério possivelmente admissível para tanto,[19] enquanto positivistas exclusivos admitem apenas fatos sociais, excluindo a possibilidade da moralidade servir como critério de identificação do conteúdo de normas jurídicas. [20] Contudo, esse rótulo pode mais atrapalhar do que ajudar no debate. [21] Essa divergência pode ser mais proveitosa se considerarmos como formas distintas de raciocinar sobre a legitimidade do Estado.

Sob essa outra ótica, a contribuição de Raz é vasta, pois é dedicada a pensar as condições para relações legítimas de autoridade. Raz notabilizou-se pela criação de uma teoria do direito inovadora e robusta, que rivaliza outros grandes nomes do direito como o positivismo inclusivo Herbert Hart, quanto ao interpretivismo anti-positivista de Ronald

to the Philosophy of Law and Legal Theory. Oxford: Blackwell Publishing, 2005, p. 36-37; COLEMAN, Jules. "Incorporationism, Conventionality, and the Practical Difference Thesis". *In:* COLEMAN, Jules (Ed.). *Hart's Postscript*. Oxford: Oxford University Press, 2001, p. 99-101.

[19] Mais especificamente, positivistas inclusivos acreditam que fatos sociais *predominam* na identificação do conteúdo e existência do direito. Isso significa que tais fatos sociais *podem* ser critérios exclusivos ou, eventualmente, *podem* permitir (ou autorizar) a *inclusão* de outros critérios, como aqueles de caráter moral; assim, defendem que "padrões de moralidade política [...] podem ser e efetivamente são utilizados de diversas formas nas tentativas de determinar a existência, conteúdo e significados de leis válidas". *Cf.* WALUCHOW, W. J. *Inclusive Legal Positivism*. Oxford: Clarendon Press, 1999.p. 2. Vide, também, WALUCHOW, W. J. "The Many Faces of Legal Positivism". *In*: The University of Toronto Law Journal, Vol. 48, No. 3 (Summer, 1998), pp. 387-449; HIMMA, Kenneth E. "Final Authority To Bind With Moral Mistakes: On The Explanatory Potential Of Inclusive Legal Positivism". *In*: *Law and Philosophy*, Vol. 24, No. 1 (Jan., 2005), pp. 1-45; COLEMAN, Jules. "Authority and Reason". *In:* GeorgE, R (Ed.). *The Autonomy of Law*, Oxford: Clarendon Press, 1996.

[20] Positivistas exclusivos, por sua vez, acreditam que os fatos sociais são necessariamente os *únicos* critérios possíveis para a identificação da existência e conteúdo do direito, de modo que, para esses filósofos, a moralidade nunca pode figurar entre tais critérios. Dentro de cada uma dessas correntes, há também divergências entre os autores, *Cf.* MARMOR, Andrei. *Social conventions: from language to law*. Princeton: Princeton University, 2009; e, SHAPIRO, Scott. *Legality*. Cambridge, Mass: Harvard University, 2011.

[21] Em um artigo de resposta às críticas de Robert Alexy, Joseph Raz chega a sugerir que se descarte o rótulo de positivismo jurídico em vista de sua inutilidade para o avanço dos debates, de modo que o diálogo se centre sobre as ideias e propostas de autores determinados. *Cf.* artigo "The Argument from Justice, or How Not to Reply to Legal Positivism" publicado na 2ª edição de *TAL*.

Dworkin. Apesar de sua primeira obra de referência ter sido *The Concept of a Legal System* (1970) (baseada em sua tese de doutoramento) e de ter publicado pouco tempo depois o relevante artigo *Legal Principles and the Limits of Law* (1972)[22], acredito que as bases de sua teoria do direito foram lançadas apenas no livro *Practical Reason and Norms* (1975)[23], posteriormente sintetizadas e popularizadas pelo artigo *Authority, Law and Morality* (1986)[24].[25] Raz, contudo, nunca preocupou-se em lançar um livro que sistematizasse sua teoria do direito[26], de modo que a maior parte de suas obras são coletâneas de artigos ou de palestras ministradas com a adição de alguns poucos capítulos ou comentários inéditos.

Para a compreensão da teoria do direito de Raz, três coletâneas são fundamentais: *The Authority of Law* (1989), *Ethics in the Public Domain* (1994) e *Between Authority and Interpretation* (2009). Muitos esclarecimentos são feitos em artigos de resposta a outros autores, especialmente *Facing Up: a reply*[27] [28], *The Argument from Justice, or How Not to*

[22] A primeira versão do artigo foi publicada em 1972 em *The Yale Law Journal* e foi amplamente considerado por Dworkin no capítulo 3 de *Taking Rights Seriously*. O artigo foi republicado uma década depois com o acréscimo de um "posfácio" em: Cohen, Marshall (ed.). *Philosophy and Society: Ronald Dworkin and Contemporary Jurisprudence*. United States of America: Rowman & Allanheld, 1983, pp.73-87.

[23] *Cf.* Raz, Joseph. Practical Reason and Norms. New York: Oxford University Press, 1975, 2002 (2ª ed.).

[24] *Cf.* Raz, Joseph. "Authority, Law and Morality". *In: The Monist.* Vol. 68, Nº 3, 1985, pp. 295-324.

[25] Esse relato sobre a disseminação da teoria de Raz é fortemente baseado em informações fornecidas oralmente por Liam Murphy durante minha estadia como *visiting researcher* na *New York University* no ano de 2010.

[26] No campo da teoria política, Raz fez um esforço maior nesse sentido em *The Morality of Freedom*. Apesar de, segundo ele, se tratar de um livro focado na teoria da liberdade política e não uma Teoria Política completa, que exigiria uma Teoria da Justiça. *Cf.* Raz, Joseph. *The Morality of Freedom*. Oxford: Oxford University Press, 1986, p. 2.

[27] Trata-se de uma resposta dada a diversos artigos escritos especialmente para um Simpósio sobre a obra de Raz, publicados conjuntamente na *Southern California Law Review*. Raz, Joseph. "Facing Up: A reply". *In: Southern California Law Review*, Vol. 62, March-May, 1989, numbers 3 & 4, p. 1153 e ss.

[28] Uma versão condensada e dedicada ao tema das razões exclusionárias foi publicada na 2ª edição de *Practical Reasons and Norms* como apêndice (1990). A ideia de razões exclusionárias também recebe esclarecimentos adicionais em RAZ, Joseph. "Reasons for Action, Decisions and Norms". *In*: Raz, Joseph (Ed.). *Practical Reasoning*. Oxford: Oxford University Press, 1978, pp. 128-143.

Reply to Legal Positivism[29], *Postema on Law's Autonomy and Public Practical Reason*[30] e *Dworkin: A New Link in the Chain*[31]. Sua principal obra em teoria política, *The Morality of Freedom* (1986) contém ideias mais claras e precisas a respeito de sua concepção de autoridade legítima e obrigação política.

A construção raziana sobre a noção de autoridade legítima é um dos grandes elos entre sua teoria política e sua teoria do direito. Sua contribuição ao debate contemporâneo é marcada por uma tentativa de identificar as condições para o exercício dessa autoridade não-arbitrária. No início da carreira, Raz se foca em realizar uma análise formal de razões práticas. Para identificar um fundamento moral para o exercício da autoridade, concebe a ideia de "autoridade como serviço". Raz reconhece que nesses casos a autoridade exerce a função de poupar o tempo e a energia daquele que se encontra sujeito a ela, fornecendo diretrizes que solucionam problemas; que, caso contrário, demandariam deliberação autônoma. Essa porém, não é a única condição para que alguém exerça autoridade legítima sobre outros indivíduos ou outros grupos.

A lista de condições para que alguém ou algo detenha autoridade sofreu alterações ao longo da obra de Raz desde sua formulação em *The Authority of Law* até *The Problem of Authority: Revisting the Service Conception* (2006), mas ela sempre girou em torno (mas não exclusivamente) da ideia de que a autoridade legítima é aquela que reúne condições para mediar "a relação entre pessoas e as razões corretas que se aplicam a elas". A ideia central, portanto, é que quem toma as decisões e dá as diretrizes entende melhor da situação do que quem deve cumpri-las.

Essa noção de autoridade não exige obediência cega dos sujeitos. Em casos extraordinários, questões ulteriores (novas) ou que estiverem fora do escopo da norma podem fornecer razões para desconsiderar a diretriz da autoridade legítima. De todo modo, o ponto de Raz é que ordinariamente, a diretriz de uma autoridade não deve ser descumpri-

[29] *Cf.* Raz, Joseph. "The Argument from Justice, or How Not to Reply to Legal Positivism". In: Pavlakos, George (ed.). *Law, Rights and Discourse: The Legal Philosophy of Robert Alexy*. Oxford: Hart Publishing, 2007, pp. 17-36.

[30] Raz, Joseph. "Postema on Law's Autonomy and Public Practical Reasons: A Critical Comment". *In*: *Legal Theory*. Volume 4, Issue 01, March 1998. Cambridge Journals, pp 1-20.

[31] Raz, Joseph. "Dworkin: A New Link in the Chain". In: *California Law Review*, Vol. 34, Issue 3, Article 15 (5-31-1986).

da caso o sujeito simplesmente discorde de seu conteúdo. A diretriz de uma autoridade legítima deve ser cumprida, em situações ordinárias, em virtude da qualidade de quem deu a diretriz, não pela qualidade do conteúdo de cada diretriz especificamente.

Raz também se notabilizou por examinar o que significa em termos lógicos reconhecer que uma pessoa ou entidade detém esse tipo de autoridade. O filósofo propôs uma maneira inovadora de enxergar como a diretriz de uma autoridade legítima opera em nosso raciocínio prático. Segundo sua classificação, as diretrizes emitidas por uma autoridade legítima operam com um status especial na razão prática, são *razões protegidas para a ação*. Essas orientações são, ao mesmo tempo, uma razão para que alguém faça algo e também uma razão para não levar em conta sua própria opinião sobre o que deveria ser feito. Ao traçar uma distinção entre razões que se dirigem diretamente a ações (razões de primeira ordem) e razões que se dirigem a outras razões no raciocínio prático (razões de segunda ordem), Raz defende que o conflito entre razões desses dois tipos não pode ser resolvido com um simples balanceamento entre elas. A chave para entender essa relação está na ideia que ele propõe de razões exclusionárias.

Razões exclusionárias são razões de segunda ordem para que uma ação seja tomada sem levar-se em conta outras razões. É o caso de alguém que promete para si mesmo não comer doces por um mês, a despeito de qualquer circunstância. Quando essa pessoa estiver em uma festa e tiver vontade de comer uma torta de chocolate, ela não precisa avaliar novamente todos os prós e contras de comer aquele doce (razões de primeira ordem). Nessa situação, a promessa fornece uma razão exclusionária (de segunda ordem) para ignorar esses prós e contras e simplesmente não comer o doce.

Diretrizes dotadas de autoridade são constituídas pela união entre razões de primeira ordem para realizar uma ação e razões exclusionárias para não avaliar as demais razões de primeira ordem envolvidas. Raz indica que essas diretrizes são *razões protegidas* para a ação. Quando alguém trata uma promessa como uma fonte de autoridade, trata essa promessa como uma razão protegida para agir. Essa ideia é uma contribuição original de Raz para o debate de razão prática, presente em sua obra desde *Practical Reason and Norms* e que manteve-se praticamente intacta ao longo de suas publicações.

Apesar da amplitude e vastidão de sua produção bibliográfica, Raz dispendeu pouco esforço com o tema da interpretação judicial, permitindo que seus críticos aleguem que a teoria raziana não foi feita para (nem seria capaz de) lidar adequadamente com esse aspecto central da experiência jurídica. Apesar de suas incursões nos temas de lacunas jurídicas em *The Authority of Law*, do desenvolvimento interno e normas implícitas do sistema jurídico em *Ethics in The Public Domain*, bem como de críticas duras à noção de regras e princípios de Dworkin durante a década de 70 e 80, foi somente a partir da segunda metade da década de 1990 que Raz apresentou sua noção de interpretação de maneira mais direta. Atualmente, os principais artigos sobre o tema de interpretação estão reunidos em *Between Authority and Interpretation*, que conta com o acréscimo de um capítulo original, intitulado "Interpretation: Pluralism and Innovation". Nesse novo capítulo, Raz enfrenta questões importantes sobre o surgimento de inovações na interpretação jurídica. Mas ainda assim, é preciso ler em conjunto os cinco capítulos desse livro dedicados ao tema da interpretação para extrair deles a proposta raziana de interpretação: a interpretação adequada deve ser realizado de forma individual e isolada da norma em questão, cujo significado é dado por aquilo que o legislador pode ter intencionado com a diretriz. De acordo com Raz, a ideia de intenção legislativa não se restringe a uma noção psicológica, mas uma que envolve o contexto de emissão da norma. Em especial, trata-se de uma proposta de interpretação que rejeita por completo a necessidade de integração das normas e decisões judiciais em um todo coerente. Como resultado disso, discordará frontalmente de Dworkin, aceitando que, em certos casos (de discricionariedade), um litigante não possui *direito* a um dado resultado. Além disso, irá aceitar que nem sempre a resposta judicial correta para um caso deva ser interpretativa.

Durante as últimas quatro décadas, Raz não se dedicou apenas à sua teoria do direito, mas também à teoria política, teoria do valor e teoria da razão prática. [32] Com isso, o próprio autor nunca sistematizou sua

[32] "Em outra ocasião, ao responder uma pergunta, Raz falou de como ele normalmente enfrentava novos tópicos após ter escrito sobre algo, ao invés de manter-se em dialogo com seus críticos, como faz Ronnie Dworkin". Relato de Martin Lyon Levine, no Prefácio dos artigos publicados em homenagem aos 20 anos de *The Morality of Freedom*. *Cf.* LEVINE,

teoria do direito e foram poucos os que se propuseram a reconstruí-la de forma unificada. Os esforços mais amplos e bem-sucedidos nesse sentido foram realizados por Dickson[33] e Postema[34]. Porém, imagino que aos olhos de Raz toda sua teoria desdobra-se naturalmente de seu livro fundamental da década de 1970. *Pratical Reasons and Norms* contém quase todos os elementos de sua teoria do direito que foi desenvolvida ao longo do tempo, ao menos em sua forma seminal (com exceção da visão sobre interpretação); mas esses elementos só se tornam visíveis ao leitor que já está familiarizado com a obra do autor.

Como observou Shiner, envolver-se com a teoria raziana impõe uma paciência semelhante à de quem vê um carro ser montando peça a peça (apesar de completo na mente do idealizador).[35] Porém, como o próprio Raz nunca sistematizou sua teoria, o "carro" montado ao final depende da capacidade do intérprete de fornecer a melhor estrutura narrativa possível para a articulação das "peças" fornecidas.

B) O Direito como um GPS: a Teoria do Direito de Joseph Raz

Apesar de sua proeminência, Raz não parece ter sido devidamente incorporado pela literatura brasileira sobre filosofia do direito e é possível imaginar algumas razões pelas quais isso ocorreu. Em primeiro lugar, porque Raz não sistematizou sua teoria do direito. Lhe falta um texto canônico capaz de transmitir de maneira sintética suas propostas. Raz preferiu abordar uma amplitude de temas ao invés de se aprofundar em poucos. Nesse sentido, entrar em contato com sua teoria impunha a necessidade de entrar em contato com uma boa parte de sua obra, ou, pelo menos, uns três ou quatro livros. Em segundo lugar, a leitura desses livros não é acessível para o grande público porque ainda não foram em

Martin L. "Foreword". *In: Southern California Law Review*. Vol. 62, March-May, 1989, numbers 3 & 4, p. 734.

33 Apesar de focada no aspecto metodológico e epistemológico, a autora fornece um guia bastante esclarecedor. DICKSON, Julie. *Evaluation and Legal Theory*. Oxford: Hart Publishing, 2001.

34 Trata-se do relato mais completo e fiel às propostas de Raz que encontrei. As críticas ao autor são feitas no terceiro capítulo deste livro. POSTEMA, Gerald J. *Legal Philosophy in the Twentieth Century: The Common Law World*. United States of America: Springer, 2011.

35 SHINER, Roger A. "Review of The Authority of Law". *In*: *The University of Toronto Law Journal*, V. 33, nº 4, 1983, pp. 460-485.

geral traduzidos e porque, sendo honesto, a escrita de Raz não facilita a vida do leitor (para dizer o mínimo). Em terceiro lugar, se trata de uma teoria de direito na qual a interpretação jurídica tem importância periférica. Apesar dela possuir implicações diretas para teorias da decisão jurídica, Raz (assim como Kelsen) não acredita que a atividade interpretativa seja central para compreender o direito e tampouco a própria decisão judicial.

Este livro se propõe a suprir algumas dessas lacunas sem se converter em algum tipo de manual. Ele é fruto de uma tese de doutorado e, portanto, avança um argumento original sobre como devemos entender Raz e o debate no qual está inserido. Em especial, é um argumento para explicar porque as teses de Raz chegam a ser quase incompreensíveis pela perspectiva de seus opositores e vice-versa. É um argumento desenvolvido para entender porque as divergências entre eles parecem insuperáveis.

Para fazer isso, foi necessário divergir de alguns consensos. Mais especificamente, rejeito a ideia amplamente aceita no debate jurídico a respeito da famosa Tese das Fontes Sociais de Raz. Segundo essa tese, *a existência e o conteúdo das diretrizes jurídicas podem ser identificados sem recurso a qualquer consideração avaliativa, inclusive qualquer raciocínio moral.* Essa tese é considerada por muitos teóricos como um argumento a respeito da identificação de obrigações jurídicas; como se fosse um argumento sobre como identificar o que deve ser feito, ou seja, da normatividade do direito.[36] Porém, a meu ver, a Tese das Fontes Sociais serve apenas para sintetizar sua teoria a respeito da validade de regras e também de princípios jurídicos, mas não trata da normatividade do direito. Em outras palavras, não é um argumento sobre a obrigatoriedade das diretrizes jurídicas e nem sobre quais são as condições para que regras jurídicas sejam reconhecidas como efetivas razões para a ação. Ao contrário, para Raz, a eventual normatividade do direito existe apenas se forem preenchidas certas exigências morais bastante demandantes: regras jurídicas

[36] Vide, por exemplo, FINNIS, John. *Philosophy of Law.* Oxford: Oxford University Press, 2011. P. 4-5. MACCORMICK, Neil. "Contemporary Legal Philosophy: The Rediscovery of Practical Reason". *In: Journal of Law and Society,* Vol. 10, n. 1, 1983, pp. 5-6. DWORKIN, Ronald. *Justice in Robes.* Cambridge: Harvard University Press, 2006, p. 198 e ss. MORAWETZ, Thomas. "Understanding Disagreement, the Root Issue of Jurisprudence: Applying Wittgenstein to Positivism, Critical Theory, and Judging". In: *University of Pennsylvania Law Review,* Vol. 141, No. 2 (Dec., 1992), p. 413.

somente são "normas" (obrigatórias) se existir uma relação de autoridade legítima entre o sujeito e o Estado. Porém, a existência dessa relação não decorre nunca do conteúdo das diretrizes emanadas do Estado, e nem do fato de serem leis.

Essa leitura só é sustentável se sistematizarmos a teoria raziana colocando em seu centro outra tese famosa, a alegação da autoridade pelo direito: a de que o direito, por si só, não oferece razões para ação humana. Em outras palavras, na leitura que proponho, Raz defende que não é da natureza do direito (e nem das diretrizes jurídicas) oferecer razões para agir. Dessa maneira, regras e princípios jurídicos de modo geral não são fontes de obrigação genuína – não são "normas" propriamente ditas – apesar da crença frequente e disseminada em sentido contrário. Essa crença equivocada sobre a normatividade do direito (sua obrigatoriedade) decorria, ao seu ver, de uma característica essencial ao direito: *alegar* que suas diretrizes são fontes de obrigação legítima. Nos termos de Raz, a natureza distintiva do direito consiste em necessariamente alegar ter autoridade legítima, o que passei a chamar de Tese da Autoridade Alegada. Nesse sentido, as diretrizes jurídicas são normas (fornecem razões para agir) apenas se preencherem condições morais. Para Raz, a presença dessas condições é apenas conjuntural, ou seja, podem até estar ausentes na ampla maioria dos sistemas jurídicos do planeta.

Outra forma de compreender a Tese da Autoridade Alegada consiste em reconhecer que os agentes públicos, de modo geral, defendam suas ações públicas (coercitivas ou não) devem ser obedecidas porque oriundas de uma fonte legítima de autoridade, e portanto, como moralmente justificáveis. Porém, para Raz, essa alegação pode ser simplesmente falsa. Além disso, Raz considera que essa autoridade legítima não pode ser atribuída por nenhuma característica estrutural do direito. Ao contrário, a normatividade do direito somente se estabelece *para aqueles* que estabelecem uma *relação* de autoridade legítima com o Poder Público. Por isso, não seria possível reconhecer nenhuma normatividade *a priori* nas diretrizes jurídicas. O direito não forneceria razões para agir somente pelo fato de ser o direito; nem mesmo em um sistema jurídico cuja totalidade de regras fossem plenamente justas.

Nesse ponto, Raz é especialmente mal compreendido. Há um amplo reconhecimento público sobre sua tese de que, nas relações de autoridade legítima, as diretrizes operam como "razões protegidas para a ação". Pelo argumento da razão protegida, na relação de autoridade legítima, não há deliberação adicional sobre a obrigatoriedade das diretrizes; essa obrigatoriedade passa a ser presumida. Mais especificamente razões protegidas são constituídas pela soma de razão de primeira ordem (o conteúdo da diretriz) e uma razão de segunda ordem, uma razão exclusionária. Essa razão exclusionária opera como um escudo que bloqueia considerações sobre se essa diretriz da razão de primeira ordem deve ser obedecida ou não.

Diante desse argumento da razão protegida, Raz por vezes é lido – equivocadamente – como alguém que defende um dever de obediência irrestrita ao direito. Como se o direito gerasse o dever de obedecer suas diretrizes ainda que fossem grosseiramente imorais. Contudo, Raz sugere apenas que o direito operaria com razões protegidas – que se substituem à nossa própria deliberação – *se* considerarmos que ele possui autoridade legítima (moralmente justificada). A autoridade legítima, portanto, prestaria um *serviço* de oferecer respostas prontas sobre como devemos agir, ao invés de termos de descobrir por nós mesmo o modo correto de agir. Porém, Raz é muito claro ao reconhecer que não é da natureza do direito deter realmente essa autoridade legítima. Não é possível presumir que gere razões protegidas e o serviço da autoridade.

Mas porque essas ideias são tão mal compreendidas no debate contemporâneo? Eu avanço o argumento de que existe uma divergência largamente ignorada entre esses filósofos, muito sutil. Considero que essa divergência é de natureza ontológica[37], sobre o significado da ideia de

[37] Assim, estou de pleno acordo com Michel Troper, para quem "Questões de ontologia lidam com 'o que existe'. Qualquer teoria do direito necessariamente implica uma dada concepção do que o direito é, identificando-o como realidade material ou uma entidade ideal, bem como com o tipo de realidade ou entidade a que se refere." TROPER, Michel. *Voluntarist Theories of Law: Ontology and the Theory of Legal Science. In:* AMSELEK, Paul; MACCORMICK, Neil. *Controversies About Law's Ontology*. Edinburgh: Edinburgh University Press, 1991, p. 32. Mesmo Dworkin indica uma preocupação da mesma natureza ao indicar que as teorias sobre a identificação das condições de verdade de proposições jurídicas passa por questões ontológicas: "Eu faço a questão ontológica, 'Como podemos explicar esse fato?' O que existe no mundo que é capaz de explicar esse fato?' Minha opinião é que o argumento de que uma proposição jurídica é verdadeira (quando é verdadeira) se reduzir a uma questão de fato institucional não explica adequadamente mesmo decisões tomadas em casos fáceis." DWORKIN, Ronald. "On Gaps in the Law". *In:* AMSELEK, Paul; MACCORMICK, Neil. *Controversies About Law's Ontology*. Edinburgh: Edinburgh University Press, 1991, p. 87.

"prática social". Discordo, por exemplo, de Ronald Dworkin, para quem sua divergência com Raz é fruto da adesão de a diferentes teses de moralidade política.[38] Considero que a divergência está em um campo de premissas ontológicas implícitas no debate contemporâneo. Ao investigar como cada um aborda a ideia de "prática social" é possível entender porque Raz considera que convenções – conjuntos de regras e práticas sociais – não são capazes de fornecer razões para agir. Mais especificamente, Raz nega que práticas sociais teriam qualquer normatividade. Ecoando a obsessão de Kelsen com a Lei de Hume, práticas sociais constituem-se em um "ser" do qual não pode ser derivado nenhum "dever". Na obra de Raz a ideia de "prática social" é reduzida a uma constatação empírica de que algo é socialmente praticado; algo muito diferente do que é visto na obra de Hart, Dworkin e outros teóricos trabalhados ao longo do texto.

C) Uma divergência desapercebida: práticas sociais e a aplicação de regras

Com o objetivo de expor da maneira mais clara e didática essa divergência de concepção de prática social, priorizei destacar as diferenças entre elas. Chamei a concepção adotada por Raz de "prática como fato", enquanto chamei a concepção alternativa, encampada por filósofos como John Searle e Charles Taylor, bem como teóricos do direito como Ronald Dworkin e Dennis Patterson (entre outros), de "prática como racionalidade".[39] Naturalmente, os filósofos que agrupei como membros da concepção de "prática como racionalidade" possuem divergências e teorias conflitantes, mas partem de um mesmo pressuposto básico: práticas sociais geram razões para agir. A diferença entre as duas concepções pode ser visualizada superficialmente pelo quadro abaixo.

[38] "Eu defendo que a controvérsia [sobre a possibilidade lógica de existirem respostas jurídicas corretas para os casos de aplicação das normas jurídicas] é na verdade de natureza moral e não metafísica, bem como defendo que a tese de que não há respostas certas, compreendida como um argumento moral, é profundamente implausível para a moralidade e para o direito." DWORKIN, Ronald. *Law's Empire.* Cambridge: Harvard University Press, 1986, p. ix.

[39] Naturalmente os filósofos que agrupei como membros da concepção de "prática como racionalidade" possuem divergências e teorias conflitantes, mas partem de um mesmo pressuposto básico.

Prática como fato	Prática como racionalidade
Ação é dirigida por diretrizes claras	Ação é dirigida pelo sentido da respectiva prática social
Regras são limites para a ação	Regras podem ser limites e também habilitadoras para a ação
Entender uma regra não implica saber aplicá-la	Entender a regra implica ser capaz de aplicá-la corretamente
Conteúdo das regras é dado pela intenção de quem as criou	Conteúdo da regra se torna inteligível pelo valor da prática
Agir segundo uma regra não requer nenhuma intencionalidade específica	Agir segundo uma regra exige uma intencionalidade intersubjetiva
Prática social é fato ontologicamente e epistemologicamente objetivo	Prática social é fato ontologicamente objetivo, mas epistemologicamente subjetivo

Para mim, é a filiação de Raz à concepção de *prática como fato* que permite a separação entre entender uma regra e saber como aplicá-la. Em outros termos, fundamenta o argumento segundo o qual a existência (validade) e a inteligibilidade do conteúdo de uma diretriz jurídica são uma coisa, enquanto saber se ela deve ser aplicada em casos concretos (e de que maneira) é outra. Enquanto no caso da aplicação seria imprescindível a realização de um esforço avaliativo, no caso da inteligibilidade essa avaliação seria desnecessária. Portanto, conhecer o conteúdo da regra não implica saber como ou se deve-se aplicá-la.

Essa cisão entre *conhecer* e *saber aplicar* uma regra é crucial para a teoria raziana do direito. É ela que permite que a autoridade alegada pelo direito tenha condições de ser exercida sem que seus destinatários precisem realizar complicados esforços de interpretação. Porém, Raz reconhece que nem toda interação humana se dá nesses termos. Mais especificamente, considera que a dinâmica em jogos competitivos é diferente da dinâmica de relações envolvendo autoridade. Ele reconhece que no jogo lúdico é necessário que o jogador entenda adequadamente o valor/finalidade do jogo para orientar adequadamente sua conduta perante a ausência de diretrizes explícitas. Autores como Dworkin, Taylor e outros estendem essa lógica ao direito, e para eles, compreender a regra implica em saber como aplicá-la, como agir em casos concretos.

Contudo, segundo Raz, a *inteligibilidade* das normas jurídicas (epistemologia) é diferente porque o direito é um *tipo de coisa* (ontologia) distinta. É com base nessa *natureza* distinta que Raz refuta que a inteligibilidade das normas jurídicas dependa da atribuição de um sentido (*point*) ou que as diversas normas precisem ser harmonizadas dentro de uma ideia de coerência, consistência ou integridade dworkiniana.[40]

Desenvolvi o exemplo abaixo para tornar mais claro como Raz concebe o efeito das regras e princípios jurídicos no raciocínio prático de quem está sujeito a essas diretrizes: para Raz, o direito interfere na razão prática de uma forma muito semelhante à de um GPS.[41] Imagine que José recebe a ligação de um amigo avisando que seu carro quebrou e pedindo para que o busque. José tem uma ideia vaga de como chegar a essa rua, mas, uma vez que não quer arriscar a demora, opta por colocar o endereço no GPS. De modo geral, faz sentido que José siga as diretrizes do GPS, sem duvidar se cada diretriz é correta ou não. Se for o caso, ele trata as diretrizes como razões protegidas: uma diretriz de curva à direita é uma razão para virar à direita (razão de primeira ordem) e para desconsiderar outras rotas (razão de segunda ordem). Ele pode tratar como razão protegida para ação e ainda assim descumprir com uma diretriz, por exemplo, se José deparar-se com uma rua herma ou em que possivelmente corra o risco de um assalto: José sabe que o GPS não leva essas informações em conta para formular suas diretrizes. Além disso, José também poderia não tratar as instruções do GPS como razões protegidas para a ação, ou seja, só como uma forma de conselho, mas mantendo a cada momento do percurso a liberdade de escolher o trajeto. Nesse âmbito, as diretrizes do GPS são como as normas jurídicas, que podem ser tratadas como razões protegidas para a ação ou não. Para Raz, porém, há uma diferença crucial: ninguém se importa se as diretrizes do GPS são tomadas como razões protegidas ou não, enquanto os agentes públicos *alegam* que os sujeitos estão obrigados a obedecer ao conteúdo de suas diretrizes. Essa alegação pressupõe a

[40] Além disso, a insistência na busca pela *natureza* do direito é para Raz uma tarefa prioritária e distinta da elucidação do *conceito* de direito, porque para ele nenhuma elucidação útil poderia vir desse segundo empreendimento.

[41] Raz utiliza o exemplo do direito como o Guia Michelin de viagens em *Between Authority and Interpretation*.

vontade de que as regras jurídicas sejam tratadas como razões protegidas para a ação – mesmo que não exista de fato obrigação (moral) para fazê-lo.

A teoria raziana é internamente consistente, mas gerou um debate na literatura sobre o quanto a noção de autoridade que ele defende é intuitiva ou artificial.[42] Esse me parece um grande equívoco no debate contemporâneo e que decorre do fato da premissa ontológica de Raz ter sido, geralmente, ignorada. Se o direito possui uma normatividade semelhante à de um jogo (prática como racionalidade), a autoridade calcada em diretrizes não é uma boa descrição. Porém, se a normatividade do direito não for como a de um jogo (prática como fato), a noção de autoridade parece adequar-se muito bem às nossas intuições.

É por esse motivo que, para mim, as divergências e críticas de ordem epistemológica realizadas contra a teoria raziana, que ignoram o fato de serem realizadas a partir de uma premissa epistemológica distinta, se dão na forma de desacordos não-genuínos: é como se esses autores não estivessem dirigindo o seu discurso ao mesmo objeto. Em outras palavras, o debate feito nesses termos gera poucos resultados além da incompreensão mútua entre tais autores. Sem a elucidação dessa premissa, o debate a respeito da normatividade do direito não tem como avançar de maneira adequada.

Sendo assim, para avançar meu argumento, dividi este livro em três capítulos. O primeiro é dedicado a essa sistematização da teoria do direito de Joseph Raz e à indicação do quanto a consistência interna dessa teoria depende de sua premissa ontológica. Para realizar essa tarefa de maneira adequada, início o capítulo indicando como a investigação de Raz sobre a estrutura e lógica das razões para agir serve de base para sua tese a respeito da normatividade do direito (sintetizada na Tese da Autoridade Alegada). Indico que o pilar de sua teoria está naquilo que passo a chamar de Condições de Autoridade Explícita para, ao final, apontar como essa premissa está ancorada em seus compromissos teóricos de ordem ontológica. Como em minha leitura dou centralidade

[42] Para um mapa desse debate vide Leiter, Brian. "Realism, Hard Positivism, and Conceptual Analysis". *In: Legal Theory*. Vol. 04. Issue 4. Cambridge: Cambridge University Presse, 1998, pp. 533-547.

ao argumento de que o direito por si só não fornece razões para a ação, articulo os demais aspectos de sua teoria ao redor dessa impostação.

No segundo capítulo é desenvolvida em detalhes essa disputa implícita sobre a noção de "prática social" e sobre a ação humana entre Raz e alguns de seus principais interlocutores. No restante do capítulo, indico porque, a meu ver, trata-se de uma divergência de natureza ontológica, para, ao final, avaliar que Raz dispõe de um aparato epistemológico consistente com a ontologia que adota.

No terceiro capítulo mapeio e mostro, em termos concretos, como uma série de impasses no debate contemporâneo se devem ao fato de uma série de interlocutores qualificados não atentarem à premissa ontológica implícita ao argumento de Raz. Dessa forma houve um grande prejuízo à força das críticas desenvolvidas por autores relevantes como Dennis Paterson, Gerald Postema, Kenneth E. Himma, Nicos Stavropoulos e, especialmente, Ronald Dworkin.[43]

Nas conclusões, articulo de maneira mais específica e aprofundada os argumentos trazidos nesta introdução, bem como realizando um argumento ensaístico sobre o potencial de uma nova agenda de pesquisa pautada em questões de ordem ontológica.

[43] Devo confessar que não selecionei esses autores por meio de nenhuma regra geral. Tais autores foram escolhidos em primeiro lugar por fazerem parte de meu repertório de autores relevantes no debate que partem de uma concepção de prática social distante daquela adotada por Raz. Talvez não sejam os melhores autores, mas considero que sem dúvida foram suficientemente adequados para a finalidade desta pesquisa.

1. DIREITO, AUTORIDADE E RAZÃO PRÁTICA

Este capítulo oferece uma sistematização da teoria de Joseph Raz, colocando como pilar seu argumento de que o direito e as diretrizes jurídicas não fornecem necessariamente razões para agir, mas apenas assumem a aparência (dão a impressão) de que assim o fazem. Ao articular todos os elementos da teoria raziana em torno dessa impostação apresentarei a consistência interna de seus argumentos e, ao final, indicarei como a justificativa desse sistema de pensamento depende de uma premissa a respeito da ação humana, mais especificamente, sobre a noção de prática social.

Para Raz, a chave para compreender a natureza do direito e da sua normatividade foi justamente aquela abandonada por Hart no início de *The Concept of Law*. Enquanto Hart afirma que o direito não pode ser investigado pelo método *per genus et differentiam*,[44] Raz retoma justamente esse empreendimento: entender *o que é* uma norma, para então entender *porquê se segue* uma norma. "Uma vez que soubermos a diferença entre normas obrigatórias (*mandatory norms*) e outras razões, então temos

[44] "[...] uma definição que nos indica que algo é parte de uma família é claramente inútil se temos apenas ideias vagas ou confusas quanto às características dessa família. [...] [Quanto ao direito] não há uma categoria geral de conhecimento comum da qual o direito seja parte. A candidata mais evidente [...] é a família de *regras de comportamento;* contudo, o conceito de regra, como visto, é fonte de perplexidade igual à do próprio conceito de direito, de tal modo que definições de direito que iniciam pela identificação de leis como uma espécie de regra normalmente não melhoram nossa compreensão sobre o direito". Hart, H. L. A. *The Concept of Law*. Oxford: Oxford University Press, 1961, 1997 (2ª ed., paperback), p. 15.

condições de saber se o que é praticado ou objeto de crença é realmente uma norma obrigatória ou não. Nós não podemos reverter a ordem e estabelecer a natureza das normas obrigatórias pelo exame da própria prática".[45]

1.1. A dificuldade inicial: conflito entre razões práticas

A teoria do direito de Raz é estruturada em torno de sua investigação a respeito da natureza e estrutura de normas obrigatórias e seus efeitos no raciocínio prático. Seu argumento tem início com a indicação de que é preciso superar uma dificuldade das teorias então vigentes para explicar a situação de conflito prático individual; aquela na qual o agente não conseguir agir de acordo com todas as razões que possui. Por exemplo, tendo razões para fazer A e B, na realidade pode realizar apenas A ou B.[46] Raz se insurge contra as teorias que tratam todas as situações de conflito prático individual como operações de sopesamento e balanceamento de razões para agir. O filósofo classifica tais teorias como subscritoras de uma "concepção simplificada" sobre o conflito prático.[47]

Segundo a concepção simplificada, todos os conflitos de razão prática são resolvidos por operações de sopesamento e balanceamento das razões, com a prevalência das razões mais *pesadas*. É como se, a cada momento de dúvida a respeito de como agir, o sujeito recorresse a uma balança, na qual em um prato estão as razões a favor daquela ação e no outro prato as razões contrárias àquela ação. O conflito de razões é pensado somente em uma dimensão de peso, de modo que razões importantes são mais pesadas e superam (*defeat*) as menos importantes (mais leves). O que deve ser feito é indicado para o lado da balança que for mais pesado.[48] Porém, essa concepção esbarra em dificuldades (a) fenomenológicas, (b) conceituais e (c) analíticas. A concepção simplificada não explica adequadamente (a) a sensação de sentimentos conflitantes no momento do conflito prático, (b) como uma relação de autoridade

[45] *PRN*, p. 58.

[46] Baumann, Peter; Betzler, Monika. "Varieties of Practical Conflict and the Scope of Practical Reason". *In:* Baumann, Peter; Betzler, Monika.(Eds.). *Practical Conflicts: New Philosophical Essays*. Cambridge: Cambridge University Press, 2004, pp. 2-5.

[47] Essa refutação está presente em toda a obra de Raz, desde *Practical Reason and Norms* (1975) e mantida até hoje em *From Normativity to Responsability* (2011).

[48] *PRN*, p. 35.

implica a transferência de decisão de uma pessoa para outra, e (c) a distinção entre um conselho, um pedido e um comando. Trato cada um desses problemas com mais detalhes abaixo.[49]

No âmbito fenomenológico, Raz considera que a concepção simplificada descreve mal o raciocínio prático nas situações em que o sujeito lida com uma ordem ou uma obrigação. Quando há um conflito entre o conteúdo de uma obrigação e a vontade do agente (ou mesmo aquilo que ele crê ser correto), o sujeito sente que há uma ambiguidade (*mixed reactions*)[50] a respeito do que ele deve fazer, ou ainda, possui uma sensação de "sentimentos conflitantes" (*being torn between conflicting feelings*)[51]. Se fosse um caso de simples equilíbrio entre razões leves e pesadas, esse mal-estar não faria sentido.[52]

Raz dá o exemplo de Jeremy, cujo superior militar ordena a desapropriação do carro de um comerciante. Ainda que ele e seus amigos vejam razões fortes e relevantes para que ele não desaproprie o veículo, é possível que Jeremy afirme que: "ordens são ordens e devem ser obedecidas ainda que equivocadas, mesmo que nenhum prejuízo decorra de seu descumprimento. Isso é o que significa ser subordinado. Significa que não cabe a você decidir o que é o melhor". Com isso, Raz indica que Jeremy comporta-se de maneira distinta do que exigiria um simples sopesamento de razões.[53] Se as razões para obedecer a autoridade fossem apenas mais pesadas do que suas razões para não se apropriar do veículo, então não haveria espaço para ambiguidade. Jeremy poderia somente ter dúvidas enquanto sopesava as razões ou então ter dúvidas sobre ter tomado a decisão correta, porém não teria como sentir uma

[49] Em "Facing Up" e no capítulo "Rethinking the Exclusionary Reasons" (um posfácio a *Practical Reason and Norms*), Raz trata apenas da sua defesa fenomenológica e conceitual. Porém, creio que seu argumento fica mais completo se unido com suas reflexões de caráter analítico realizas em *The Authority of Law*.

[50] *PRN*, p. 45. Acredito que o termo ambiguidade é mais adequado para traduzir a ideia do autor do que a tradução literal de "reações mistas".

[51] *PRN*, p. 43.

[52] Para Raz, "é um argumento a respeito de características de nossos conceitos, com base no modo como operam em nosso discurso e pensamento". Raz, Joseph. "Facing Up: A reply". *In: Southern California Law Review*, Vol. 62, March-May, 1989, numbers 3 & 4, p. 1165.

[53] Raz em seguida acrescenta que Jeremy "reconhece que se ele fosse ordenado a cometer uma atrocidade, ele deveria se recusar a obedecer. Mas este é um caso comum, ele pensa, e o comando deve prevalecer". *PRN*, p. 38.

divergência entre o que ele *deve* fazer e o que ele *acharia melhor* ser feito. Imagine ainda que Jeremy delegue essa ação e seu subordinado o desobedeça por considerar que é errado realizar tal desapropriação. Nesse cenário, Raz indaga se não estaria a ambiguidade presente e até mesmo agravada? Jeremy não sentiria que de certo modo o subordinado estaria correto em um âmbito, mas equivocado em outro?[54] A concepção simplificada teria que tratar essa ambiguidade como algo sem sentido.

O argumento conceitual, por sua vez, sustenta que a concepção simplificada é inconciliável com uma noção adequada de autoridade, por ser incapaz de levar a sério a ideia de que autoridade envolve deslocar (*remove*) a decisão prática de uma pessoa para outra.[55] De acordo com Raz, para a concepção simplificada, a norma expedida por uma autoridade será sempre redundante ou inútil. Se o sujeito age de acordo com a norma só porque ela reflete o que ele considera ser a melhor solução para um dado problema, ela é inútil, pois a ação poderia ser escolhida sem que a norma existisse. Porém, se o sujeito age de acordo com a norma mesmo que discorde da qualidade de seu conteúdo (contrariando o balanceamento de razões do agente), para a visão simplificadora, esse respeito à norma é injustificado e imoral. [56]

No âmbito analítico, Raz indica que a concepção simplificada não é capaz de distinguir adequadamente entre um conselho, um pedido e uma ordem no raciocínio prático. Sob essa concepção, a diferença estaria no peso de cada um desses tipos de enunciado no raciocínio prático: conselhos teriam pesos leves, pedidos teriam pesos médios e ordens teriam pesos pesados. Raz indica, contudo, que em dadas circunstâncias conselhos e pedidos podem levar ao desobedecimento de uma ordem ou, até mesmo, levar ao ponto de alguém sacrificar a própria vida.[57] Além disso, Raz sustenta ser improvável que a diferença entre as

[54] *PRN*, pp. 42-43.

[55] *Ibid.*, p. 193.

[56] *Ibid.*, p. 194. A noção de norma obrigatória não é apenas um bom exemplo para o argumento de Raz, mas o que ele considera como um caso central da própria noção de regra. A importância de regras habilitadoras da ação social somente são percebidas pelo autor como uma forma de regras que estabelecem o modo pelo qual as regras obrigatórias poderão ser utilizadas, ou seja, como uma variação de "power-confering rules".

[57] *TAL*, p. 22.

locuções seja apenas de grau: seria contraintuitivo defender que uma ordem não passa de um pedido veemente.[58]

Mas como distinguir adequadamente entre esses três modos distintos de criar razões para a ação de terceiros? Raz indica que a diferença repousa na intenção de quem emite o enunciado e não na intenção da pessoa a quem o enunciado se dirige. Isso porque, em situações normais, quem recebe a diretriz pode simplesmente se equivocar a respeito da natureza do enunciado, enquanto quem os emite dificilmente incorre nesse erro. Se alguém que recebe um pedido o trata como uma ordem, quem emitiu o enunciado teria razão em defender que ainda se trata de um pedido. "Pelo ponto de vista do agente passivo (*adresse*) não há diferença necessária entre ser ordenado, solicitado ou aconselhado, exceto pelo fato de implicar diferentes intenções, crença ou atitudes da pessoa que os enuncia."[59]

Com base nesse critério da intenção autoral, Raz distingue entre as locuções afirmando que quem aconselha quer que seu enunciado *seja tomado* como uma razão para acreditar (razão teórica), enquanto quem faz um pedido quer que seu enunciado *seja tomado* como uma razão para agir, mas que deve ser aceita se houver mais razões para agir nesse sentido (*only if it tips the balance*). Por último, quem ordena quer que seu enunciado *seja tomado* como uma razão para agir, "que deve ser aceita em determinadas circunstâncias, ainda que existam boas razões para não agir nesse sentido" (*even if they do not tip the balance*).[60] Sendo assim, a grande diferença entre um pedido e uma ordem repousa em haver "um mínimo que uma ordem precisa excluir para ser uma ordem. Ela precisa excluir ao menos considerações dos desejos de quem recebe a ordem".[61]

Dada a limitação da visão simplificada para lidar com as noções de obrigação, autoridade e ordem, Raz desenvolve uma nova forma de conceber o conflito entre razões para ação: uma que explica porque uma norma que não oferece a melhor solução substantiva possível aos olhos do sujeito tem, contudo, uma razão para ser obedecida.[62] Raz distingue dois níveis diferentes de razões para a ação, as razões de primeira ordem

58 *TAL*, p. 15.
59 *Ibid.*, p. 13.
60 *Ibid.*, p. 21-23.
61 *Ibid.*, p. 22-23.
62 *PRN*, p. 41.

e as razões de segunda ordem. Razões de primeira ordem dizem respeito a ações, enquanto razões de segunda ordem dizem respeito a outras razões. Dentre o gênero de razões de segunda ordem, Raz destaca um tipo que ele nomeia de "razões exclusionárias", que são razões para não agir de acordo com determinadas razões. [63] Mais especificamente, razões exclusionárias demandam que certas considerações relevantes sejam ignoradas na tomada de ação.[64]

1.1.1. *A natureza da norma: razões exclusionárias*

O desenvolvimento de uma tese sobre o conflito de razões práticas em dois níveis distintos é uma contribuição original de Joseph Raz para o campo filosófico. Porém, para defendê-la, não basta mostrar as falhas da concepção rival, mas indicar como o novo modelo descreve melhor o conflito de razões práticas. Para isso, Raz trabalha com o exemplo de Jeremy (abordado na seção anterior, sobre um militar que acha que deve cumprir com uma ordem mesmo que a considere inadequada), bem como os de Colin e Ann, que trago abaixo.[65]

- **A promessa sobre educação infantil**: Colin prometeu para sua esposa que todas as decisões que tivesse que tomar em relação à educação de seu filho seriam guiadas apenas por considerações que dissessem respeito ao melhor interesse do filho. Supondo que a obrigação gerada pela promessa é válida, quando ele tiver que decidir se envia o filho a uma escola pública ou particular, Raz aponta para as razões que ele possui para se basear apenas no interesse do filho e ignorar a razões de outra ordem, como econômicas, por exemplo. Sendo assim, ele possuir razões para não incluir em suas decisões o gasto ou economia geradas pela decisão.[66]

[63] *Ibid.*, p. 35.

[64] *Ibid*, pp. 58-62.

[65] Esses exemplos foram extraídos de *PRN* e levemente modificados para auxiliar a compreensão do argumento do autor.

[66] A princípio, Raz não teria problemas com o fato de que questões financeiras poderiam eventualmente afetar o interesse do filho. Se assim for, elas se tornam razões que podem ser consideradas ao se decidir o que fazer. Isso, contudo, tenderia a fortalecer a ideia de que existe um critério que separa o que pode servir e o que não pode servir de base para a deliberação; e assim, a teoria raziana. *PRN*, p. 39.

- **A fadiga como uma razão para não avaliar uma situação**: Ann está em busca de um bom investimento financeiro e, durante a madrugada, um colega lhe conta a respeito de uma oportunidade, mas cuja adesão precisa ser realizada dentro de duas horas. Em condições normais ela seria capaz de analisar os riscos e benefícios do investimento, mas ela teve um dia especialmente exaustivo e sente-se incapaz de tomar qualquer decisão racional. Ela opta por não fazer o investimento, mas não porque existem razões em sentido contrário ao investimento que sejam maiores do que as razões favoráveis. Ela admite que as razões poderiam eventualmente conduzir à realização do investimento, porém ela possui uma razão para que ela não decida a partir de sua avaliação dos méritos da proposta.[67]

As situações de Jeremy, Colin e Ann ilustram que as razões práticas – utilizadas para avaliar qual é o modo correto de agir – podem operar de modo muito diferente que um simples balanceamento de prós e contras. Para Raz, isso ocorre porque nesses exemplos há dois graus distintos de razão prática. Existem razões de primeira ordem (voltadas à avaliação da ação) e razões de segunda ordem, que são considerações sobre as razões de primeira ordem. O comando, a promessa e a fadiga seriam exemplos de razão de segunda ordem, que afetam como a decisão prática é tomada. Para Raz, o conflito entre razões do mesmo grau é resolvido com balanceamento, porém esse método não pode ser aplicado no conflito entre razões de graus distintos. Razões de primeira ordem podem ser balanceadas entre si, bem como questões de segunda ordem também pode conflitar entre si da mesma maneira. Contudo, no conflito entre razões de primeira ordem e de segunda ordem, as razões de segunda ordem sempre devem prevalecer.[68]

O filósofo ilustra o ponto ao profundar o exemplo de Jeremy, ao supor que ele pode ter duas razões de segunda ordem conflitantes entre si. Podemos imaginar que o militar possui uma razão de segunda ordem para sempre obedecer aos comandos de seu superior e uma outra razão de segunda ordem pela qual nunca deve acatar ordens militares caso impliquem na realização de uma atrocidade. Essas normas entrarão em conflito e uma delas prevalecerá sobre a outra, chegando a um resultado

[67] *Ibid.*, p. 37.
[68] *Ibid.*, p. 46.

determinado[69] pelo qual, "se não é possível agir completamente de acordo com a razão, o correto é (*one should*) que se tente agir o máximo possível de acordo com a razão"[70].

Essas razões de segunda ordem são chamadas de "razões exclusionárias", porque elas excluem/vedam a ponderação sobre certos tipos de razão de primeira ordem. Razões exclusionárias não excluem todo tipo de razão de primeira ordem, mas apenas aquilo que Raz chama de "razões dependentes". Essas razões dependentes são aquelas que "se aplicam aos sujeitos dessas diretivas e às circunstâncias abrangidas pelas diretrizes." [71] Em síntese, um comando que *fornece realmente uma razão para agir* é composto por uma diretriz sobre como agir (razão de primeira ordem) e uma diretriz para desconsiderar outras razões de primeira ordem que dizem respeito aos problemas que aquela diretriz foi criada para resolver. Uma diretriz que fornece razões legítimas de primeira e segunda ordem é considerada por Raz como uma "razão protegida" para agir.[72]

Sendo assim, o ineditismo ou a complexidade ímpar de uma situação estariam fora da abrangência das razões exclusionárias de uma razão protegida para a ação. Nesse sentido, continuam sendo razões adequadas para um sujeito avaliar se deve agir de acordo com a diretriz. No modelo de dupla estrutura de razões é possível verificar que a autoridade demanda que, sob uma certa esfera, o agente não deve tentar agir a partir de certas razões: se ele aceita racionalmente a autoridade, ele precisa, *nas condições de normalidade*, agir de acordo com a solução que a autoridade dá para os problemas que ela pretende resolver.[73] As razões exclusionárias interferem sobre as razões que o sujeito possui para agir, mas não sobre sua capacidade de avaliar a qualidade moral do conteúdo da diretriz. O comentário feito sobre algumas ideias de Hart[74] é esclarecedor a esse respeito:

[69] *Cf.* RAZ, Joseph. "Facing Up: A relpy". *In: Southern California Law Review*, Vol. 62, March--May, 1989, numbers 3 & 4, 1156.

[70] RAZ, Joseph. From Normativity to Responsability. New York: Oxford University Press, 2011, p. 173.

[71] *EPD-ALM*. p. 214.

[72] *Op. Cit.* "Facing Up: A reply", p.1169.

[73] *PRN-Posfácio*, pp. 190-195.

[74] O trecho citado com referência à Hart é extraído de *Essays on Benhtam*, p. 253. HART, H. L. A. *Essays on Bentham: studies in jurisprudence and political theory*. Oxford: Clarendon, 1982.

> "Mas o que é uma 'entrega de juízo'? H. L. A. Hart, que passou recentemente a acrescentar sua voz a favor desse tipo de análise, fornece a seguinte explicação: 'O comandante caracteristicamente espera que seu ouvinte tome sua vontade em lugar da sua própria como uma diretriz para a ação e, assim, tomá-la de modo a precluir ou encerrar qualquer deliberação independente pelo ouvinte a respeito dos méritos a favor e contra agir daquela maneira.' Compreendida de forma literal, contudo, essa explicação é implausível. Certamente o que é relevante (*what counts*), do ponto de vista da pessoa com autoridade não diz respeito ao que ela pensa, mas como ela age. *Eu faço tudo o que o direito me exige se eu ajo de acordo com ele.* Não há nada de errado no fato de eu considerar os méritos do direito ou de qualquer ação que esteja de acordo com ele. A reflexão a respeito do mérito das ações exigidas pela autoridade não fica automaticamente proibida por qualquer diretriz oriunda de autoridade, apesar de ser possível que ela seja proibida por alguma diretriz nesse sentido."[75] (destaquei)

Desse trecho é possível obter alguns esclarecimentos a respeito de sua teoria. Em primeiro lugar, Raz aceita que possivelmente existam razões que façam com que *o que deve ser feito* (*ought to be done*) seja diferente do conteúdo de uma ordem válida.[76] Nesse sentido, se opõe à ideia que é devido algum tipo de obediência cega à autoridade direito[77]. Em segundo lugar, razões protegidas para a ação demandam apenas *agir de acordo com* elas (*conformity*) e não *agir em virtude de* (*compliance*): "razões são apenas guias legítimos. Não é preciso ser guiado por elas. Outras coisas sendo iguais, na medida em que alguém aja de acordo com elas (*conforms with them*), não há nada de errado".[78] Nessa concepção, a ação é racional se a coisa certa é feita, ainda que pelos motivos errados.[79] Raz dá o exemplo de

[75] *MF*, p. 39.

[76] *PRN*, p. 187; *NR*, p. 18. Para Raz, afirmar que algo *deve ser feito* equivale logicamente a afirmar há uma razão para que se faça A, em um contexto C, que não é superada por outras razões em toda hipótese de C.

[77] Raz usou a ideia de uma obediência cega em certo sentido em TAL, cap. 1, mas abandonou-a nas publicações posteriores. Imagino que abandonou a ideia não por considerá-la incorreta, mas pelo fato de causar uma dificuldade ainda maior na compreensão de suas ideias.

[78] *PRN-Posfácio*, p. 183.

[79] Uma visão claramente anti-kantiana. *Cf. Op. Cit.* Facing-UP, p. 1174 e ss; *PRN-Posfácio*, pp. 181-182.

um casal cuja esposa passa por um momento difícil e precisa do apoio emocional do marido; um apoio que será dado se o marido passar aquela noite em casa. Se o marido fica em casa, mas o faz porque quer ver um filme na TV ou simplesmente porque está cansado demais para sair – sendo indiferente se ele conhece ou não a situação emocional da esposa – ele não agiu de acordo com as melhores razões que se aplicam a ele? É evidente que o marido fracassa no âmbito emocional, mas, segundo Raz, a sua *ação* está de acordo com o que há razões para ser feito: ele age *de acordo* com o que ele possui razão para fazer.

Em certas ocasiões, razões de primeira ordem exigindo uma ação unem-se a razões de segunda ordem que excluem da deliberação as razões dependentes daquela ação. Essa união entre razões de primeira ordem e razões exclusionárias (de segunda ordem) é identificada por Raz como *razões protegidas* para a ação.[80] Essa é a natureza da norma: para Raz, *toda norma válida é uma razão protegida para a ação.*[81] Com isso, se a normatividade de uma norma não está atrelada à qualidade de seu conteúdo, isso implica que sistemas de diretrizes como o direito também não derivam sua normatividade do conteúdo de suas regras.

1.2. A natureza do direito e sua normatividade: alegação de autoridade

Uma norma é uma razão protegida para a ação se efetivamente for uma razão válida para a ação, ou seja, se for uma obrigação. Se essa é realmente a estrutura de uma norma, ela ainda não esclarece se e quando diretrizes jurídicas são normas jurídicas, ou seja, se e quando fornecem razões protegidas para a ação.

Para Raz, apenas autoridades (práticas) legítimas são capazes de fornecer razões protegidas para a ação a terceiros[82]. O cerne da ideia de autoridade legítima é a combinação entre a capacidade de exercer um poder e o direito de fazê-lo.[83] Nesse sentido, uma relação de autoridade legítima requer "alguma forma de apelo para o cumprimento voluntário

[80] *TAL*, p. 29.

[81] *PRN-Posfácio*, p. 191.

[82] *TAL*, p.19.

[83] *Cf. BAI – Service Conception Revisited.*

(*appeal for compliance*) por parte da(s) pessoa(s) sujeitas à autoridade"[84]. Isso somente é possível se essa relação atender a uma série de condições morais.

Esse, na visão do autor, claramente não é o caso do direito. Como diversos sistemas jurídicos ao longo da história possuíram e possuem regras grosseiramente imorais, o preenchimento de condições morais de autoridade não poderia passar de uma característica contingente do direito.[85] Porém, mesmo na ausência dessas condições morais, as normas jurídicas são sempre apresentadas aos sujeitos *como se* preenchessem tais condições, ou seja, *como se* fossem efetivas razões protegidas para a ação (obrigações). Raz chama essa condição como uma relação de "autoridade *de facto*". Em tais relações, o poder de coerção é conjugado com (i) uma alegação por parte dos agentes públicos de que se possui autoridade, (ii) uma crença difundida de que o direito possui autoridade, ou (iii) as duas situações ocorrendo de forma concomitante. Sob tais circunstâncias, as diretrizes expedidas possuem um grau mínimo de efetividade (as pessoas agem de acordo com ela) e assumem a "aparência externa" (*guise*) de autoridade legítima.[86]

Para Raz, enquanto a condição de autoridade legítima pode ser preenchida conjunturalmente, não é possível reconhecer a existência de um sistema jurídico a não ser que exista pelo menos uma situação de autoridade *de facto*: "o direito, todo sistema jurídico em vigor em qualquer lugar, possui, necessariamente, autoridade *de facto*". [87] Essa seria a característica *essencial* e *necessária* do direito que revela sua natureza: o direito alega ter autoridade. Esse argumento é sintetizado na Tese da Autoridade Alegada, pela qual todos os sistemas jurídicos reais e hipotéticos alegam ter autoridade legítima para impor supostas obrigações àqueles que estão sob sua jurisdição ("TAA").[88] Para testar seu argumento, Raz propõe imaginar como seria uma sociedade na qual o direito não fizesse a alegação de autoridade legítima:

[84] *MF*, pp. 25-26.
[85] *TAL*, pp. 30-31.
[86] *BAI*, p. 28.
[87] "o direito, todo sistema jurídico em vigor em qualquer lugar possui, necessariamente, autoridade *de facto*". *EPD-ALM*, p. 217.
[88] *BAI*, p. 97.

> "Para testar [a ideia de alegação de autoridade], imagine uma situação na qual as autoridades políticas de um país não alegam que os habitantes têm que obedecê-las, mas na qual a população age de acordo com suas exigências. Devemos imaginar tribunais aprisionando pessoas sem julgá-las culpadas de qualquer crime; danos sendo conhecidos sem que ninguém tenha a obrigação de indenizá-los. Os legisladores nunca alegam que impõem obrigações de cuidado ou contribuição aos serviços públicos. Eles apenas enunciam que pessoas que se comportam de certa forma terão que sofrer. E não são apenas pessoas comuns que não estão sujeitas aos deveres dos legisladores: tribunais, policiais, servidores públicos e outros oficiais públicos não estão sujeitos a nenhum dever no exercício de suas funções agentes públicos."[89]

Com esse exemplo, Raz não procura fazer nenhuma afirmação de caráter histórico. Ainda que alguma sociedade tenha se organizado ou se organize nesse modelo, o fato de ser completamente destituído da ideia de autoridade política não permitiria que ele fosse reconhecido como um sistema jurídico. Com isso, Raz indica que alegações de autoridade, mesmo que falsas, constituem um aspecto crucial do modo como compreendemos governos estabelecidos hoje e outrora por meio de sistemas jurídicos.

Mesmo esse esboço inicial sobre a TAA dá ensejo a uma série de dúvidas. É tentador pensar que a alegação de autoridade não é fruto da ação de agentes públicos e sim uma decorrência lógica do emprego da linguagem de direitos e obrigações presentes em todos os sistemas jurídicos – mas não é esse o sentido na teoria raziana[90]. Quando se afirma que *o direito* alega autoridade simplesmente abrevia-se a ideia de que os principais agentes públicos "consideram a si mesmos como detentores do direito de impor obrigações a seus sujeitos" [91] e que essa intenção passa a ser adotada pela instituição à qual pertencem.

[89] *MF*, p. 27. Essa passagem está presente também em: RAZ, Joseph. "Authority and Justification". *In*: *Philosophy & Public Affairs*, Vol. 14, No. 1 (Winter, 1995), pp. 3-29, p. 6.

[90] Creio inclusive que tal formulação ameaçaria a consistência do seu positivismo exclusivo. Contudo, não vejo razões para que Raz se sentisse compelido a aceitar que essa formulação é a melhor leitura de sua teoria e, nesse sentido, fracassaria como crítica interna. Formular essa ideia como crítica externa exigiria um esforço que foge ao escopo da presente tese.

[91] *EPD-ALM*, p. 216.

> "Não vejo nada de errado na personificação do direito [...]. Nós nos referimos ao direito impondo exigências e deveres, conferindo direitos e privilégios, entre outros casos. Tais expressões são corriqueiras. As ações, expectativas e intenções do direito decorrem das ações, expectativas e intenções das pessoas que detêm cargos jurídicos de acordo com o direito (*people who hold legal office according to law*), assim sabemos quando e como as ações, intenções e atitudes de juízes, legisladores e outros agentes públicos, ao agirem como agentes públicos, devem ser vistas como as ações, intenções e expectativas do direito. Eles, agindo como agentes públicos, expressam a exigência e a expectativa de que as pessoas conheçam e se orientem pelo direito."[92]

Mesmo assim, quando Raz afirma que "toda atribuição de uma intenção para o direito é baseada na atribuição de uma intenção real para uma pessoa real com autoridade ou que exerce influência sobre a autoridade"[93], ficam dúvidas sobre sua alegação ser empírica ou conceitual.[94] Em um certo sentido, trata-se de uma verdade conceitual, mas que tem origem empírica. Para ele, parte do nosso conhecimento de um conceito está ligado às nossas experiências sociais e como as pessoas percebem essas experiências: "nós temos o conceito de autoridade que temos porque em nosso mundo sociedades foram governadas por instituições que alegaram e foram reconhecidas como detentoras do direito de criar obrigações para os governados."[95] Supondo que Raz esteja correto, é preciso compreender em que medida a Tese da Autoridade Alegada oferece uma boa descrição do direito.

1.2.1. *O que a Tese da Autoridade Alegada esclarece?*

Se a Tese da Autoridade Alegada estiver correta, ela fornece esclarecimentos a respeito da normatividade do direito como um todo, bem como das diretrizes jurídicas singulares/concretas. Na verdade, a TAA esclarece a ausência de normatividade do direito, a tal ponto que explica porquê não existe uma obrigação sequer *prima facie* de obedecer ao

[92] *BAI-CTBTL*, pp. 38-39.
[93] *EPD-ALM*, p. 234.
[94] Essa dúvida é apresentada por Dwokin em *Justice in Robes*. *Cf.* DWORKIN, Ronald. *Justice in Robes*. Cambridge: Harvard University Press, 2006.
[95] *MF*, p. 27.

direito, bem como esclarece porquê o direito não precisa de um conteúdo moral mínimo.

Se a característica necessária e essencial do direito é apenas a alegação de autoridade e não a posse de autoridade legítima, então não há motivos para supor que existam razões *prima facie* para obedecer ao direito.[96] Em síntese, se a alegação do direito não for verdadeira – como frequentemente não é[97] – então não há porquê presumir que as regras e diretrizes jurídicas sejam verdadeiras normas. As próprias autoridades que alegam ter o direito de impor obrigações podem estar equivocadas a respeito de sua legitimidade e, mais ainda, as pessoas sujeitas à autoridade *de facto* podem deter crenças equivocadas sobre a obrigatoriedade das regras jurídicas. Não há problema em aceitar que quase nenhum sistema jurídico no mundo efetivamente exerça autoridade legítima. Certamente, isso é uma infelicidade para as pessoas que vivem sob tais regimes – diria Raz – mas é apenas uma constatação a respeito desse fenômeno social. É da natureza do direito querer impor obrigações mesmo sem ter legitimidade para tanto e com isso sua natureza está ligada apenas à autoridade *de facto*.

Na teoria raziana, as relações de autoridade dependem de condições individuais dos envolvidos. Desse modo, não seria possível tratar de características sistêmicas que dariam normatividade ao direito; mesmo na hipótese de um sistema jurídico plenamente justo.[98] Se a marca da autoridade é a imposição de razões protegidas para a ação, a normatividade não pode estar associada ao conteúdo das diretrizes. A normatividade está na relação entre os agentes públicos e os sujeitos, ou seja, está fora do direito. Isso, porém, como dito, não impede que os sujeitos tratem as diretrizes jurídicas *como se fossem* efetivas razões protegidas para a ação.

Além disso, o sujeito pode simplesmente adotar um *posicionamento político* que consiste em uma atitude geral de tratamento do direito como uma autoridade legítima; ele pode adotar a posição de "respeito pelo direito" (*respect for law*), ainda que o direito fracasse na sua condição de autoridade legítima.[99] Porém, o indivíduo não tem nenhum *dever*

[96] *TAL - "Is there a Prima Facie Obligation to Obey the Law".*

[97] *EPD-ALM*. p. 216.

[98] *Cf. BAI, "About Morality and the Nature of Law".*

[99] *TAL – "Respect for Law"* e *EPD – "The Obligation to Obey: Revision and Tradition".*

(moral) de fazer isso, sequer em relação a um sistema jurídico justo, mas se ele o faz, assim age por um *sentimento moral*. Segundo Raz, é possível que uma obrigação de obedecer ao direito origine-se de algo como uma sensação de pertencimento a uma comunidade política e a aceitação implícita dos deveres que estão presentes em fazer parte dessa comunidade. Porém, "ninguém possui o dever moral de sentir uma sensação de pertencimento (*feel a sense of belonging*) a uma comunidade [...]. Eu falo de um sentimento [...] que não passa de uma atitude complexa composta de elementos emocionais, cognitivos e normativos".[100]

Em síntese, a teoria do direito raziana não faz apologia à obediência cega ao direito. Ela apenas sustenta que quem reconhece um indivíduo ou instituição verdadeiramente como uma autoridade prática, o trata como fonte legítima de obrigações e, portanto, reconhece suas diretrizes como razões protegidas para a ação. Não há porquê dar esse tratamento a diretrizes simplesmente porque são regras jurídicas válidas, mas, no geral, a maior parte das pessoas supõe que devem agir dessa maneira. Há aqueles que tratam regras e princípios jurídicos como razões protegidas para a ação por simples equívoco (engano) ou por uma postura de moralidade política. Porém, como o direito alega ter autoridade legítima, Raz toma a tarefa para si de indicar que tipo de autoridade o direito alega. Ao formular as condições nas quais o direito possui normatividade, Raz desenvolve o que chama de concepção de Autoridade como Serviço.

1.3. Autoridade como Serviço – Justificação Moral das Razões Exclusionárias

Quando o direito alega ter autoridade legítima, os agentes públicos afirmam que possuem o *direito* de que suas diretrizes sejam cumpridas por aqueles que estão sujeitos à sua jurisdição; e que, complementarmente, tais sujeitos possuem a *obrigação* de obedecer. Nesse sentido, os agentes públicos esperam que os sujeitos tratem suas diretrizes como razões protegidas para a ação, ou seja, agindo de acordo com elas a despeito da qualidade dessas diretrizes. Porém, essa condição de "obediência cega" à autoridade não é incompatível com uma concepção robusta de razões

[100] *EPD – "The Obligation to Obey: Revision and Tradition"*, pp. 353-354.

para a ação? Pior ainda, não se retorna à ideia de que os enunciados jurídicos operam como comandos (à moda da teoria de Austin)?

Tais dúvidas dão origem ao que Raz considera o paradoxo aparente da autoridade.[101] O paradoxo surge a partir de uma análise da suposta incompatibilidade entre a noção de autoridade e as noções de razão e autonomia. Submeter-se à autoridade mesmo quando a autoridade está equivocada consistiria em uma irracionalidade e uma imoralidade. Isso porque a razão exigiria sempre que a ação resulte da ponderação das razões que incidem sobre a questão, enquanto a autonomia demandaria que toda pessoa aja de acordo com suas próprias avaliações em todas as questões morais (as quais podem estar presentes em todas as questões práticas). Se tais alegações estiverem corretas, nunca poderá existir uma autoridade legítima. Com isso, toda crença na ideia de autoridade (de qualquer tipo) estará profundamente equivocada a respeito da racionalidade, moralidade ou da própria noção de autoridade. O problema consiste justamente na força do argumento contra a legitimidade de autoridades políticas, pois acaba por minar a plausibilidade racional ou moral de todo e qualquer tipo de autoridade. Porém, mesmo anarquistas radicais consideram que autoridades não políticas, sejam elas teóricas ou práticas, *podem* ser eventualmente legítimas. Afinal, quando uma autoridade não política pode ser legítima?[102]

Para que Raz supere a objeção moral[103] à sua tese de autoridade, ele precisa afirmar que é moralmente correto e racional que um ser

[101] Essa ideia aparece originalmente em *TAL*, e orienta toda a argumentação do capítulo "Legitimate Authority", pp. 3-27. Tenho a impressão, contudo, que Raz foi infeliz em nomear esse problema como paradoxal. As objeções não levam a um paradoxo, mas apontam para o caráter contra-intuitivo da noção de obediência cega à autoridade. Tenho a impressão de que ele faz um argumento que aponta para um estranhamento fenomenológico: aceitar tanto a tese extrema da legitimidade da obediência cega quanto da ilegitimidade de qualquer autoridade parece refletir mal como nos comportamos no mundo e refletimos a esse respeito.

[102] *TAL*, pp. 3-4.

[103] Raz se propõe também a enfrentar o problema teórico de "como é possível que ações que comunicam intenções sejam capazes de criar razões ou obrigações (para si ou terceiros) justamente pelo fato de que tais intenções foram comunicadas?". A investigação dessa questão é feita sempre em paralelo com a explicação de como uma promessa pode gerar obrigações. Raz explorou profundamente os mecanismos da obrigação voluntária da promessa como uma plataforma para explicitar a sua noção de regras que vinculam de modo independentemente a seu conteúdo consistem em uma boa descrição de como a razão prática opera

humano seja submetido a uma situação em que a autoridade "diga a ele o que deve ser feito, com o propósito de alcançar quaisquer objetivos que visa".[104] A solução à objeção moral da autoridade[105] é apresentada na *Concepção de Autoridade como Serviço* ("CASERV").

É acerca da Concepção de Autoridade como Serviço que Raz concentrou seus maiores esforços de elucidação e reformulação durante os seus anos de produção, de tal modo que seus elementos são apresentados de forma distinta ao longo de sua obra, mantendo, porém, um mesmo *insight:* quando a autoridade fornece ao sujeito uma diretriz a respeito de *o que deve ser feito* em dadas circunstâncias[106], o enunciado funciona como um "mecanismo para aliviar esforços" (*labour saving devices*)[107], ou seja, como um mecanismo para saber de antemão como agir. Um bom exemplo do serviço prestado pela autoridade consiste na regulação de trânsito: nós viveríamos de maneira pior se tivéssemos que decidir a cada esquina ou cruzamento como agir, ou seja, se não aceitássemos as instruções das autoridades de trânsito.

Antes de aprofundar os elementos da CASERV, é importante esclarecer que Raz nunca pretendeu fornecer uma listagem exaustiva das condições necessárias para identificar se alguém efetivamente possui autoridade legítima sobre terceiros.[108] O que ele tenta fornecer é uma explicação panorâmica (ampla) sobre como é possível que alguém detenha autoridade prática sobre terceiros.[109] O filósofo rejeita que seja

perante certos tipos de enunciados. *BAI*, p. 135. Para um mapeamento e apreciação crítica sobre o problema de obrigar a si mesmo na teoria política contemporânea, vide, especialmente, "Precommitment and the Paradox of Democracy" em: Holmes, Stephen. *Passions and Constraints.* Chicago: University of Chicago Press, 1995.

[104] *BAI*, p. 135

[105] A explicitação de tais condições é desenvolvida principalmente em resposta aos argumentos anarquistas de que nunca é racional e moral se submeter à autoridade. *Cf. TAL*, capítulo 1; *MF*, capítulos 3 e 4.

[106] *TAL*, p. 25.

[107] *PRN*, p. 59. É verdade que nesse âmbito ele se refere ao papel das regras, mas ao longo de seus outros estudos fica claro que isso é o que Raz imputa aos enunciados dotados de autoridade.

[108] Esse é um ponto que passa desapercebido por muitos críticos de Raz.

[109] Raz indica que a explicação da autoridade deve ser feitas apenas *preferencialmente* se valendo da interferência com razões. Podem ser utilizados outros meios, mas "razões fornecem o fundamento último para a explicação de todos os conceitos práticos, ou seja, todos eles

possível realizar essa tarefa apoiando-se sobre a noção de que autoridade é definida a partir do conteúdo de um conjunto de regras.

Segundo Raz, a definição da ideia (conceito) de autoridade de acordo com regras que conferem autoridade é falha por dois motivos. Em primeiro lugar, porque é uma explicação de *quando* as pessoas possuem autoridade, em vez de uma explicação *do que é ter* autoridade. Em segundo lugar, porque ainda assim é um mau método de identificação, uma vez que tudo o que se pode constar é que alguém possui autoridade, *de acordo* com um certo sistema de regras e, com isso, se estabelece uma noção condicionada (ou "relativizada") de autoridade.[110] A noção condicionada de autoridade (autoridade segundo regras) gera empecilhos ao invés de resolver o problema de "o que eu devo fazer?", que é a questão prática por trás da necessidade de identificação de autoridade.[111] Para Raz, a noção condicionada de autoridade não fornece a resposta para o elemento prático que é a questão central da ideia de autoridade. Em suas palavras, "autoridade é um conceito prático" e a noção relativizada "rompe o laço entre autoridade e razão prática".[112] A explicação de autoridade precisa ser feita por meio da noção incondicionada de autoridade. Nessa empreitada, o autor desenvolveu um vocabulário próprio, com "teses" e "condições" que, por vezes, dão consistência a seu argumento, mas ao custo de dificultar sua compreensão. Farei uma breve apresentação do vocabulário para, em seguida, reapresentar o argumento sob uma forma que acredito ser mais clara.

1.3.1. *Elementos da autoridade legítima*

A principal noção desenvolvida por Raz é a chamada *Tese da Justificação Normal*, por meio da qual ele oferece uma proposta das qualidades necessárias para que alguma pessoa ou instituição possa eventualmente

precisam ser explicados pela indicação de sua relevância para inferências práticas.". *Cf. TAL*, p. 12.

[110] *TAL*, p. 10.

[111] Dadas as premissas de Raz, "o que eu devo fazer?" não se refere à interpretação e aplicação do conteúdo da diretriz. A questão diz respeito a ter que me guiar ou não de acordo com certa autoridade. Em síntese, a pergunta "o que devo fazer?", para Raz, resume-se a "qual autoridade devo seguir?".

[112] *Cf. TAL*, pp. 10-11.

deter autoridade legítima. A versão mais utilizada pelo autor[113] para se referir a essa tese estabelece que "o modo principal e primário de estabelecer que uma pessoa deveria ser reconhecida como detentora de autoridade sobre outrem envolve demonstrar que o sujeito provavelmente agirá mais de acordo com as razões que se aplicam a ele [...] se ele aceitar as diretrizes da autoridade como obrigatórias [...]" ao invés de agir com base em sua deliberação.[114] É preciso esclarecer que, na verdade, a tese apenas refere-se a uma condição *usual* para se reconhecer a *capacidade abstrata de um agente ou instituição fixar diretrizes adequadas*, ou seja, quais são as condições que normalmente alguém que é tido como autoridade possui para que seja reconhecido como tal.[115]

Contudo, o modo como a tese foi formulada convida a interpretações equivocadas, que enxergam na Tese da Justificação Normal uma condição suficiente para que alguém detenha autoridade legítima sobre outras pessoas.[116] Em diversas oportunidades, Raz nega essa interpretação: para que alguém reconheça que um terceiro possui autoridade sobre si, é preciso que seja mais relevante guiar-se pelas diretrizes mais corretas do que outras razões em sentido contrário.[117] É possível que alguém tenha que decidir entre seguir apenas uma entre duas autoridades

[113] É comum encontrar passagens de artigos e livros de Raz transcritas em outros livros e artigos posteriores.

[114] Essa é a formulação apresentada em: *EPD-ALM*, p. 214; *MF*, p. 53; e "Authority and Justification". *In: Philosophy & Public Affairs*, Vol. 14, No. 1 (Winter, 1985), pp. 3-29. No original: "The normal and primary way to establish that a person should be acknowledged to have authority over another person involves showing that the alleged subject is likely better to comply with reasons which apply to him (other than the alleged authoritative directives) if he accepts the directives of the alleged authority as authoritatively binding, and tries to follow them, than if he tries to the reasons which apply to him directly.

[115] *BAI*, pp. 137-140. O ponto fica mais claro em: RAZ, Joseph. "Facing Up: A reply". *In: Southern California Law Review*, Vol. 62, March-May, 1989, numbers 3 & 4, p. 1182.

[116] O caso mais emblemático dessa interpretação equivocada me parece ter sido feita por HIMMA, K. E. "Just 'Cause You're Smarter than Me Doesn't Give You a Right to Tell Me What to Do: Legitimate Authority and the Normal Justification Thesis". *In: Oxford Journal of Legal Studies*, Vol. 27, No. 1 (2007), pp. 121–150. Essa crítica também foi realizada por: GREEN, Leslie. "Law, Legitimacy and Consent". *In: Southern California Law Review*, Vol. 62, March-May, 1989, numbers 3 & 4.

[117] *Cf.* EPD-ALM, p. 214; tb. *NR*, p. 7; e, *TAL*, pp. 8-9: "[...] *expertise* não fornece a alguém o direito de governar e possui apenas um papel subordinado na justificação da autoridade política".

mutuamente excludentes, no caso de ambas preencherem a Tese da Justificação Normal.[118] Em especial, o sujeito pode considerar que é mais importante que ele decida como agir por si próprio, sem o auxílio de nenhuma autoridade; com isso, a Condição de Autonomia não é preenchida.[119] Trata-se de uma condição que fixa a *compatibilidade de seguir uma autoridade prática com os objetivos pessoais de quem se submete.*[120] Sem o preenchimento da Condição de Autonomia, não é racional e nem moral que se estabeleça a relação de autoridade, ou seja, não se estabelece uma relação de autoridade legítima.

A segunda noção formulada por Raz consiste na *Tese da Dependência.* Essa noção serve para fornecer critérios para que *o conteúdo* das diretrizes de quem esteja apto a exercer autoridade preencham requisitos de racionalidade e moralidade, ou seja, sejam legítimos. Segundo a Tese da Dependência, "todas as diretrizes dotadas de autoridade deveriam ser baseadas, dentre outros fatores, em razões que se aplicam aos sujeitos dessas diretivas e que se aplicam às circunstâncias abrangidas pelas diretrizes".[121] Fica evidente que Raz refere-se àquilo que chamou de razões dependentes[122] e, portanto, defende que para que as diretrizes de uma autoridade tenham um conteúdo legítimo, devem relacionar-se racionalmente com as razões de primeira ordem que precisam ser excluídas por essas diretrizes.

[118] *MF*, p. 57. Podemos imaginar o caso de uma criança que deve se decidir em atender a diretriz da mãe ou a do pai, caso ambas sejam contraditórias. O exemplo dos pais já aparecia anteriormente em *TAL*, pp. 16-17.

[119] Se a Condição de Autonomia estiver preenchida, para o sujeito é melhor ou mais importante agir de acordo com a razão do que decidir por si, sem o auxílio de nenhuma autoridade. Raz dá o exemplo de normas sobre produtos farmacêuticos. Se as normas foram criadas para refletir interesses econômicos da indústria farmacêutica ao invés de fixar parâmetros de uso seguro de medicamentos, não se atende à Tese da Justificação Normal. Mas se atendida a tese, ainda ficaria pendente de exame se nesse tipo de matéria é mais importante minha segurança ou fixar de maneira autônoma minhas ações. Nesse cenário, em regra, a Condição de Autonomia também estará preenchida, já que há pouco valor pela decisão autônoma. A Condição de Autonomia está ligada a uma concepção de bem-estar e de ter uma boa vida. "Autoridade auxilia nossa capacidade racional cuja função é garantir conformidade à razão", mas nem sempre a melhor ação vem da razão, mas pelo instinto ou emoção, por exemplo, *BAI*, pp. 137-140.

[120] *Cf. BAI*, p. 137.

[121] *EPD-ALM*, p. 214.

[122] A noção de razões dependentes foi explorada no primeiro capítulo deste livro.

Com isso, é possível elucidar alguns pontos de prováveis equívocos a respeito da Tese da Dependência. Em primeiro lugar, a Tese da Dependência não indica como as autoridades legítimas *formulam* suas diretrizes, mas como *deveriam formular*: "elas deveriam exigir ações que sejam justificáveis pelas razões que se aplicam aos sujeitos".[123] Em segundo lugar, a Tese da Dependência *não* sustenta que a autoridade deve deliberar utilizando apenas as razões disponíveis aos sujeitos, mas que, em última instância, possam ser justificadas pelas razões dependentes.[124] Em terceiro lugar, a Tese da Dependência não impõe o dever da autoridade de formular diretrizes que sempre atendam aos *interesses* dos sujeitos. Por exemplo, um comandante pode enviar seus soldados para o *front* porque essa diretriz, apesar de claramente contrariar os interesses dos soldados, é realizada a partir da defesa ao país como uma razão mais importante que a preservação de sua integridade física.[125] Em quarto e último lugar, a Tese da Dependência não gera uma redundância ou inutilidade para a diretriz oriunda de autoridade. Poder-se-ia objetar que, uma vez que tais diretrizes pretendem apenas aplicar corretamente as razões que já estão disponíveis ao sujeito, a princípio a autoridade não poderia formular uma diretriz que *inove* a respeito do que o sujeito deveria fazer. Porém, a diretriz pode sim afetar o resultado do que o sujeito deve fazer como, por exemplo, decidindo entre opções razoáveis ou criando uma convenção; tal como ocorre quando a autoridade fixa o valor devido por um tributo ou estabelece um procedimento qualquer.[126]

A Concepção de Autoridade como Serviço é constituída pela conjunção dessas duas teses, a Tese da Justificação Normal e a Tese da Dependência. Assim, a autoridade legítima ideal deve possuir uma capacidade abstrata de orientação (por sua *expertise* ou qualquer outro motivo) e suas diretrizes devem ser potencialmente justificáveis em termos das respectivas razões dependentes. Com isso, se não houver razões contrárias para submeter-se àquela autoridade específica – por um motivo tal como o de descumprimento da Condição de Autonomia – *é moralmente*

[123] *MF*, p. 51.
[124] *ibid.*, pp. 51-52.
[125] *ibid.*, p. 48.
[126] *ibid.*, pp. 48-49.

legítimo e racional que esse sujeito submeta-se àquela autoridade.[127] Esse é o escopo da CASERV: prover um fundamento moral para a relação de autoridade, calcada na sua função mediadora entre pessoas e as razões corretas que se aplicam a elas.[128]

O último elemento na construção raziana de autoridade legítima consiste na *Tese da Perempção.* Se estiverem presentes as condições da CASERV, Raz oferece por meio dessa tese uma descrição do *tipo de razão para a ação* que uma diretriz dotada de autoridade pode e deve oferecer: "o fato de uma autoridade exigir a realização de uma ação é uma razão para sua realização, que não deve ser somada a todas as outras razões relevantes para avaliar o que deve ser feito, mas substituir algumas delas".[129] A tese estabelece que as diretrizes dotadas de autoridade devem substituir o balanceamento de razões sobre a conduta à qual se refere, de tal modo que o sujeito "não pode dispor da obediência" (*second-guess*) em vista do conteúdo e qualidade das diretrizes.[130] O indivíduo sujeito à diretriz pode questionar politicamente a sua qualidade e defender sua reforma, mas deve obedecê-la se ela é oriunda de uma autoridade legítima. Esse modo de operar é "parte da natureza" da autoridade, sob pena de tornar ineficaz sua capacidade de "modificar o que devemos fazer, levando tudo em conta (*all things considered*)".[131] Mas o que é "levar tudo em conta"? Consiste em considerar que a diretriz dotada de autoridade é peremptória, no que se refere às "razões que a autoridade deveria considerar ao editar suas diretrizes", ou às razões dependentes que existiam ao tempo da edição da diretriz.[132]

[127] Note-se com isso que Raz coloca em última instância aquele que será subordinado a questão definitiva para reconhecer uma autoridade legítima em quem a alega. Por exemplo, para que alguém tenha autoridade sobre mim, isso depende dos meus objetivos de vida. *Cf.* MF, p. 64.

[128] Eu imagino que poucos leitores compreendem o papel relativamente pequeno que a noção de autoridade legítima possui, por si só, na teoria do direito raziana. Ela não é o fundamento do positivismo exclusivo de Raz, mas apenas uma etapa explicativa para o que venha a ser autoridade *de facto.* Sua importância reside no modo como ela conecta sua teoria do direito com sua teoria política. Algo que será articulado e explicado na seção conclusiva deste capítulo.

[129] *EPD-ALM*, p. 214.

[130] *BAI*, pp. 140-141.

[131] *Ibid.*, p. 141.

[132] *BAI*, p. 141.

A partir da descrição acima, fica evidente que a Tese da Perempção é apenas a incorporação da noção de razões protegidas à sua proposta de autoridade legítima. Para esclarecer essa ideia, Raz trabalha com o exemplo de um árbitro. Quando duas partes remetem sua disputa para um árbitro, elas aceitam seguir sua decisão ao invés de guiarem-se pelo próprio juízo.[133] Porém, se o árbitro "tiver sido subornado, estiver bêbado enquanto decide o caso, ou se novas provas relevantes surgirem, ambas as partes podem ignorar a decisão".[134] Contudo, e esse é o ponto crucial do argumento, as partes não podem desobedecer à decisão porque discordam dela ou consideram-na incorreta *valendo-se das razões dependentes*. Todo o sentido e a finalidade de se levar uma disputa a um árbitro repousam na confiança de que deve prevalecer sua avaliação sobre as razões envolvidas. "O único modo adequado de reconhecer a autoridade do árbitro é tratar sua decisão como uma razão para a ação que substitui as razões com base nas quais ele teria que decidir".[135]

1.3.2. *Síntese da Concepção de Autoridade como Serviço*

Na teoria raziana, compreender a noção de autoridade envolve uma explicação do que é ter autoridade sobre pessoas. Em outras palavras, a autoridade não pode ser compreendida como um elemento presente nos indivíduos, seja em quem detém autoridade ou em quem está sujeito a uma autoridade: Raz localiza a essência explicativa da noção de autoridade na *relação* entre pessoas.

No campo da razão teórica, a autoridade fornece razões para a crença e, por isso, a autoridade teórica é aquela que preenche as condições da Tese da Justificação Normal; afinal, o que se busca na autoridade teórica é justamente a compreensão em determinada área fundada em uma expertise. Porém, essa condição não é suficiente e nem necessária para que alguém tenha autoridade prática sobre as pessoas, ou seja, o direito de instruí-las a respeito do que deve ser feito. Não é uma condição necessária porque é possível imaginar outros modos que conferem a alguém

[133] Exemplo presente em: *EPD-ALM*; "Authority and Justification". *In: Philosophy & Public Affairs*, Vol. 14, No. 1 (Winter, 1995), pp. 3-29; MF.

[134] *EPD-ALM*, p. 213.

[135] *Idem.* Para uma refutação específica desse exemplo e concepção, vide: WALUCHOW, Will. *Inclusive Legal Positivism*. Oxford: Clarendon Press, 1999.

capacidades abstratas de orientação. Porém, ainda que essa condição seja preenchida, ela não é suficiente porque leva apenas ao reconhecimento de que alguém é uma autoridade em determinada área (como cozinha, finanças ou política), mas isso não implica que ela tenha autoridade sobre uma outra pessoa qualquer.

A relação de autoridade somente pode ser verificada individualmente. Para que alguém detenha autoridade sobre mim, é preciso que as razões para aceitar as suas diretrizes como dotadas de autoridade sejam mais fortes do que as razões em sentido contrário. É possível que exista todo tipo de razão em sentido contrário, sendo a mais frequente entre elas a de que eu viverei melhor se minhas ações forem guiadas pelo meu juízo deliberativo com razões de primeira ordem – ainda que sejam piores ou equivocadas em relação às diretrizes de alguma autoridade. Porém, se essas razões negativas não existirem ou forem mais fracas do que as razões para aceitar a autoridade, então é moralmente legítimo e racional que as diretrizes dessa pessoa criem obrigações para mim.

Nesse sentido, considerando que tais diretrizes devem servir para orientar minha ação a respeito de determinados assuntos, o mais legítimo seria que tais enunciados se comunicassem com as razões a partir das quais eu deliberaria caso não existisse tal autoridade. Sendo assim, eu poderia me beneficiar da orientação e da mediação da autoridade em relação às razões que melhor se aplicam a mim. Porém, o benefício desse serviço prestado pela autoridade somente pode ser corretamente usufruído se eu aceitar agir conforme suas diretrizes, dadas as circunstâncias normais. Se eu tiver que tratar a doença rara do meu filho, não tenho porque utilizar o dinheiro do tratamento nos investimentos de risco que minha consultora financeira me indica fazer mas essa, porém, não é a situação normal.[136] Nas circunstâncias normais, eu devo cumprir com a diretriz da autoridade.

[136] O interessante é notar que a diretriz da consultora financeira nunca se pretendeu como uma ordem que abarcasse o que fazer com o dinheiro em vista de situações de emergência. A seção sobre razões protegidas esclarece melhor o ponto.

1.4. A imoralidade do Direito: Condições de Autoridade Explícita

Essa explicação sobre a normatividade do direito parece convidar a uma tese incompatível com uma teoria positivista exclusivista: se a condição de normatividade do direito é moral, isso não implica que o próprio direito precisa ter necessariamente um conteúdo moral mínimo? Se um determinado sistema jurídico é completamente imoral, a ponto de ser impossível alegar de maneira razoável a sua legitimidade, a teoria raziana não teria que se negar a reconhecer tratar-se de direito? Joseph Raz responde que não: um sistema jurídico pode ser completamente imoral, mas ainda assim atender às exigências da Tese da Autoridade Alegada. De fato, se o direito necessariamente alega ter autoridade, então ele precisa necessariamente *ter a capacidade* de deter autoridade legítima. Porém, para compatibilizar a imoralidade dos sistemas jurídicos com a necessária alegação de autoridade legítima, Raz distingue dois tipos de condições para deter capacidade, as condições morais e as não-morais. Segundo Raz, as condições morais são aquelas ligadas à posse de autoridade legítima, enquanto as condições não-morais são aquelas ligadas à inteligibilidade dos enunciados de autoridade.[137] Quando as condições morais não forem preenchidas, há um fracasso em se estabelecer uma relação de autoridade legítima. Sem as condições não-morais, as proposições sobre a posse de autoridade não fazem sentido, de modo que não há capacidade sequer para a autoridade *de facto*. Com essa divisão, dado que é da natureza do direito apenas alegar autoridade, mas efetivamente detê-la é apenas conjuntural, para que um sistema normativo possa ser reconhecido como jurídico ele precisa preencher apenas as condições não-morais. Sem elas, a alegação seria ininteligível e, portanto, incapaz de influenciar o raciocínio prático dos sujeitos.

Em tese, o direito deveria ser capaz de deter todas as condições não-morais, mas Raz se satisfaz em apontar apenas duas indispensáveis. A primeira consiste no fato de suas diretrizes terem que apresentar uma forma de como as pessoas devem se comportar. A segunda é composta em duas exigências: (a) "é preciso que seja possível identificar a diretriz como sendo expedida pela autoridade *de facto* sem utilizar razões

[137] *Cf. EPD-ALM.*

ou considerações a respeito da questão tratada pela diretriz"[138] e (b) a diretriz deve ter um conteúdo que pode "ser identificado por meios outros que não as considerações, o peso e o resultado que essa diretriz foi dirigida a resolver."[139] Para esclarecer essas condições, formulo o seguinte exemplo de uma *blitz* policial. Em uma *blitz* policial, (a) um oficial pede para que o motorista (b) pare o carro em um espaço determinado e identificado para a inspeção. Neste caso, a instrução poderia até ser flagrantemente arbitrária ou injusta, mas o motorista consegue compreendê-la perfeitamente. O motorista pode ter dúvidas se tem *a obrigação* de parar, mas não terá dúvidas de que o policial *alega que ele tem o dever* de parar. Porém, se essa diretriz é emitida sem que o motorista identifique que se trata (a) de uma instrução do policial (por exemplo, alguém na viatura aperta a buzina) ou (b) não consegue identificar o conteúdo da diretriz (por exemplo, porque o oficial tenta emitir o comando ao franzir a testa), o motorista não tem como receber a diretriz. Nesse caso, a tentativa de comunicação é absolutamente ininteligível. Assim, a primeira condição não-moral identifica o aspecto *prático* da diretriz, demandando que ela esteja de alguma forma dirigida às razões para agir de terceiros, enquanto as duas demandas da segunda condição não-moral identificam o aspecto de autoridade da diretriz, demandando que a ação determinada seja identificada sem que disso dependa de qualquer avaliação sobre o seu conteúdo[140]

Diante dessa distinção entre condições morais e não-morais, para ser *capaz* de deter autoridade, se o direito precisar apenas preencher as não-morais e puder fracassar nas morais, justifica-se a tese da falibilidade moral do direito: "regras nazistas podem não ter autoridade obrigatória (*authoritatively binding*), mas elas são o tipo de coisa (*they are the*

[138] *EPD-ALM*, p. 218: "it must be possible to identify the directive as being issued by the alleged authority without relying on reasons or considerations on which directive purports to adjudicate". Essa ideia já aparecia em: *PRN*, p. 63: "To regard a person as having authority is to regard at least some of his orders or other expressions of views as to what is to be done (e. g. his advice) as authoritative instructions, and therefore as exclusionary reasons."

[139] *EPD-ALM*, p. 219. Essa condição também aparece em: *PRN*, p. 63: "A piece of advice or an expression of opinion as to what is to be done is regarded as authoritative only if it is regarded as a view which ought to be followed despite one's inability to assess its soundness."

[140] Raz indica que essa segunda condição se aplica a todas as diretrizes individuais, ou seja, a cada norma jurídica.

sort of thing) que pode ter autoridade obrigatória, enquanto enunciados a respeito de vulcões não podem ser."[141] Passarei a chamar o conjunto dessas condições não-morais de Condições de Autoridade Explícita ("CAEs").[142]

1.4.1. *As Condições de Autoridade Explícita e a alegação de agentes públicos*

Um leitor mais cético poderia questionar porquê o direito não poderia fracassar também no preenchimento das condições não-morais: por que a inteligibilidade das diretrizes expedidas pelas autoridades jurídicas precisa ser preservada para que preservem a qualidade de jurídicas? Raz defende que a inteligibilidade é indispensável porque enunciados sem sentido sobre a posse de autoridade somente podem ser realizados por quem esteja conceitualmente equivocado ou simplesmente mentindo.[143]

Suponha que alguém enuncie que árvores possuem autoridade. É possível que uma criança faça esse tipo de alegação e seu equívoco repousaria em não compreender adequadamente a noção de "árvore" (ou de "autoridade"). Porém, é possível que alguém que compreenda adequadamente a noção de árvore realize esse mesmo enunciado e, no caso, em vez de cometer um equívoco, estaria apenas mentindo: como alguém que mente para um sociólogo recém-chegado de Marte; ou um tio que deseja divertir-se às custas de um sobrinho ainda jovem.[144] Desse exercício hipotético, alcançar-se-ia a conclusão lógica de que "ninguém pode sinceramente alegar que alguém que é conceitualmente incapaz de deter autoridade detenha autoridade, se for compreendida a natureza do que alega e a da pessoa a que se refere."[145] No que se refere ao direito, como os agentes públicos realizam essa alegação, o direito só não seria do *tipo de coisa capaz de deter autoridade* caso essas alegações fossem conceitualmente equivocadas ou insinceras:

[141] *EPD-ALM*, p. 218.

[142] Raz não agrupa essas condições sob nenhuma rubrica, mas dada a importância que vejo nelas, minha proposta analítica fica facilitada pelo fato de poder me referir a elas simplesmente por CAEs.

[143] *EPD-ALM*, p. 217.

[144] O exemplo das árvores e sociólogos marcianos são todos apresentados por Raz em: *EPD-ALM*, pp. 216-218.

[145] *EPD-ALM*, p. 217.

> "Isso é suficiente para mostrar que, uma vez que o direito alega ter autoridade ele é capaz de tê-la. Uma vez que a alegação é realizada por agentes públicos em qualquer lugar em que exista um sistema jurídico em vigor, deve ser descartada a possibilidade de que seja normalmente feita de modo insincero ou fundada em um equívoco conceitual. Ela pode, é claro, ser por vezes insincera ou fundada em erros conceituais. Contudo, no mínimo, na situação normal (*the normal case*) *o fato* de que o direito alega ter autoridade mostra que ele é capaz de ter autoridade." (destaquei)[146]

Em vista dos pressupostos metodológicos de Raz em relação à natureza social de conceitos, faz sentido que os agentes públicos não possam estar, via de regra, conceitualmente confusos ou sendo insinceros. Afinal, "[d]ada a centralidade das instituições jurídicas em nossas estruturas de autoridade, suas alegações e concepções são *formadas por* e *contribuem para* nosso conceito de autoridade. Ele é o que é em parte como o resultado das alegações e concepções das instituições jurídicas"[147](destaquei). É preciso apontar, contudo, uma aparente ambiguidade a esse respeito quando Raz aborda a questão em artigo mais recente[148], no qual apresenta essas condições como requisitos para a existência da autoridade *legítima*:

> "O sentido (*point*) de se submeter a uma autoridade é que isso abre a possibilidade para um modo de melhorar sua conformação à razão. Isso ocorre quando há sujeição às diretrizes da autoridade, [...] e somente é possível se conformar de maneira confiável (*reliable*) às diretrizes se a pessoa possui crenças confiáveis (*reliable beliefs*) a respeito de quem possui autoridade legítima e quais são as suas diretrizes. [...] [Na ausência de tais condições], não há autoridade sobre o assunto, porque para existir a autoridade precisa ser capaz de ser conhecida."[149]

[146] *EPD-ALM*, p. 216.

[147] *EPD-ALM*, p. 217.

[148] *The Problem of Authority: Revisiting the Service Conception* foi publicado originalmente em 2006, aproximadamente 20 anos após a publicação do artigo "Authority, Law and Morality", no qual esse argumento é exposto da maneira mais completa.

[149] *BAI-The Problem of Authority*, p. 147.

De fato, quando o objeto sob exame é autoridade legítima, a presença ou ausência das CAEs traz como resultado uma definição sobre se há ou não autoridade. Porém, quando o objeto sob exame é a autoridade *de facto*, o que está sendo analisada é a qualidade da alegação poder ser racionalmente compreendida como uma alegação de posse de autoridade prática[150]. O argumento é sintetizado da seguinte forma por Postema:

> "uma vez que o direito alega ter autoridade e sendo assim precisa deter, no mínimo, a capacidade para possuir autoridade, as normas precisam ser vistas como a expressão do entendimento das autoridades jurídicas a respeito de qual a melhor forma de agir, sendo que elas precisam ser identificáveis sem recurso àquilo que a norma pretende resolver, ou seja, sem recurso às razões sobre as quais a norma se baseia. *Se essas condições não forem preenchidas, a alegação de autoridade por parte do direito não é apenas falsa, mas ininteligível* [...]. Se razoável, indica que princípios ou parâmetros que não derivam de fontes sociais – como, por exemplo, princípios de justiça, equidade ou de outras dimensões da moralidade – não se qualificam como diretrizes [capazes de serem] dotadas de autoridade e, portanto como normas jurídicas, de modo que qualquer teoria que insista em incluí-las como constitutivas de um sistema jurídico não é capaz de explicar adequadamente a existência das autoridades jurídicas." (destaquei)[151]

Em síntese, a Tese da Autoridade Alegada esclarece porquê o direito continua sendo direito ainda que completamente imoral, seja pela natureza de sua normatividade eventual, seja pelo fato de somente precisar necessariamente preencher as Condições de Autoridade Explícita, mas não as condições morais. Se esse argumento estiver correto, a indicação de que a natureza do direito é revelada pelo fato de que ele necessariamente alega autoridade, a teoria do direito de Joseph Raz demonstra o equívoco das teorias do direito que associam a normatividade do direito às suas qualidades morais. A TAA fornece os fundamentos de uma teoria substantiva do direito (ou de primeira ordem).

[150] Raz já havia adiantado esse ponto em: *EPD-ALM*, p. 218.

[151] Postema, Gerald J. *Legal Philosophy in the Twentieth Century: The Common Law World.* United States of America: Springer, 2011, p. 358.

Além disso, quando Raz identifica as CAEs como requisitos indispensáveis para que um sistema normativo seja reconhecido como jurídico, ele indica que razões práticas dotadas de autoridade precisam, *necessariamente*, ser conhecidas sem recurso a argumentos avaliativos.[152] Se essa impostação estiver correta, uma teoria do direito que não respeite ou não reconheça essa condição perde de vista os principais aspectos de como nós compreendemos o direito, em especial a autoridade das normas legislativas. Em outras palavras, qualquer teoria do direito que tente impor avaliações morais para o reconhecimento da existência e conteúdo das normas jurídicas é contraditória com a potencial autoridade do direito e, portanto, estaria fadada ao fracasso. Se Raz estiver correto a respeito da necessidade das CAEs, fica justificado o seu argumento meta-teórico: a Tese das Fontes Sociais.

1.5. A Tese das Fontes Sociais: entre validade e interpretação

Conforme indicado na introdução deste livro, a teoria do direito de Raz é usualmente identificada por meio da sua versão da Tese das Fontes Sociais, segundo a qual a identificação da *existência* e do *conteúdo* do direito pode ser realizada "sem recurso a quaisquer considerações avaliativas" ("TFS"). [153] Porém, na sistematização que ofereço da teoria raziana, a TFS não trata da normatividade das diretrizes jurídicas. Nos termos das seções anteriores, reconhecer a existência e conteúdo de uma diretriz jurídica por meio de fatos sociais não diz nada sobre a obrigatoriedade dessas diretrizes. Em outras palavras, segundo a teoria raziana, reconhecer que determinada regra é jurídica nos termos da TFS não implica reconhecer que se trata de uma "norma", isto é, que essa regra deve ser obedecida.

Sendo assim, a relevância da Tese das Fontes Sociais para a teoria de Joseph Raz me parece ser apenas a de condensar as exigências que

[152] Como exposto anteriormente, a segunda CAE é composta por duas exigências: (a) "é preciso que seja possível identificar a diretriz como sendo expedida pela autoridade *de facto* sem utilizar razões ou considerações a respeito da questão tratada pela diretriz" e (b) a diretriz deve ter um conteúdo que pode "ser identificado por meios outros que não as considerações, o peso e o resultado que essa diretriz foi dirigida a resolver.". *Cf. EPD-ALM*, pp. 218-219.

[153] *EPD-ALM*, p. 211.

decorrem da Tese da Autoridade Alegada e das Condições de Autoridade Explícita. Nas palavras do próprio filósofo, a TFS é primordialmente uma meta-teoria, cujo escopo é oferecer "[...] uma limitação a respeito de que tipo de teoria do direito é aceitável – mais especificamente, se trata de uma tese a respeito de algumas propriedades gerais de qualquer teste aceitável da existência e identidade de sistemas jurídicos"[154]. A Tese das Fontes Sociais enuncia, mas não explica, porquê teorias do direito não podem atrelar a *juridicidade* da diretriz à sua *normatividade*.

Entretanto, o enunciado da Tese das Fontes Sociais evidencia uma dificuldade adicional que a teoria raziana precisa superar para a identificação do conteúdo das diretrizes jurídicas. Na medida em que conhecer o conteúdo da regra exige a identificação de seu enunciado, como também seu âmbito de incidência, a identificação das *razões dependentes* de uma diretriz faz parte do processo de identificação de seu conteúdo. Afinal, para que o sujeito possa *ser capaz* de tratar uma diretriz jurídica como uma efetiva norma (como uma razão protegida para a ação), ele precisa ser capaz de excluir de seu raciocínio prático as razões dependentes daquela diretriz. Em outras palavras, o sujeito exclui da sua deliberação prática as razões de primeira ordem envolvidas na resolução da questão à qual a diretriz destina-se a resolver. Sendo assim, a Tese das Fontes Sociais reflete a exigência de que a identificação das razões dependentes seja realizada sem recurso a considerações avaliativas. Como a teoria raziana responde a essa exigência feita pelas CAEs?

Apesar de Joseph Raz não reconhecer explicitamente esse problema e, portanto, não formular uma resposta para a questão, acredito que a solução é fornecida nos esforços de Raz em produzir uma teoria do significado dos enunciados (efetivamente e pretensamente) normativos. Para o filósofo, o conteúdo dessas diretrizes é fornecido pela intenção da autoridade ou instituição que a emitiu. Essa intenção, contudo, não é psicológica, mas a intenção que é devida pelo contexto de sua emissão.

[154] Note-se, além disso, que da Teoria das Fontes Sociais não seguem outras conclusões normalmente tidas como positivistas. Para Raz, a verdade da Tese das Fontes Sociais não implica automaticamente que (i) a qualidade moral do direito é absolutamente contingente, nem que (ii) os termos "direitos" e "deveres" não podem ser utilizados com o mesmo significado no contexto jurídico e no contexto moral. Seria falacioso derivar sua implicação a partir da Tese das Fontes Sociais. *Cf.* TAL, pp. 38-39.

> "dar a uma pessoa ou instituição poderes legislativos consiste em confiar a eles um poder de criar normas por meio de atos intencionais de criação de normas, ou ao menos fazer isso cientes de que criam normas. Não faz sentido dar a qualquer pessoa ou conjunto de pessoas um poder legislativo a não ser que se presuma que as normas produzidas são as normas que essas pessoas têm a intenção de produzir [...]. [Além disso], por que importa quem são os membros do legislativo, se são democraticamente eleitos ou não, se representam diferentes regiões do país, ou classes da população, se são adultos ou crianças, sãos ou insanos? [...] Assim, a própria ideia de instituições legislativas consiste na ideia de instituições que conseguem produzir as normas que têm a intenção de produzir."[155]

É preciso ter cautela para não imputar a Raz uma noção de intencionalidade legislativa diversa daquela que ele adota. O argumento raziano não ancora a justificativa do resgate intencional em um valor democrático, pelo qual se busca respeitar a vontade representada do povo, na medida em que ela se aplica também a estados não-democráticos. Esse resgate intencional é justificado por sua concepção de significado. Assim, se por um lado fica razoavelmente claro que ele não busca resgatar a intenção de legislador racional, por outro lado é um pouco mais difícil compreender como ele concebe o resgate da intenção real de legisladores concretos. Segundo o filósofo, sua posição não é fundada em um "individualismo ontológico", que reduz a intenção de instituições a intenções de indivíduos, mas na noção de que a ação intencional de indivíduos pode gerar a intenção autônoma de órgãos coletivos/colegiados ou instituições.[156]

Se aceita a ideia de intenção institucional, ainda resta saber como essa intenção deve ser identificada. É importante esclarecer que Raz não fornece uma teoria da interpretação ou um método interpretativo; inclusive porque ele acredita que essa empreitada seria inútil, uma vez que a interpretação das normas de um dado sistema jurídico deve ser realizada de acordo com as convenções vigentes naquela sociedade.[157] Suas formulações a esse respeito são especialmente obscuras e, por

[155] *BAI*, pp. 274-275.

[156] *BAI*, p. 280, nota de rodapé nº 15.

[157] *EPD*, pp. 252-253.

vezes, dão a impressão de circularidade: "uma vez que nós sabemos o que a legislação significa, nós sabemos o que o legislador quis dizer. Ele quis dizer isso".[158] A dificuldade permanece mesmo quando Raz utiliza a formulação lógica: "A, sendo o agente que possui autoridade para criar uma lei que *p*, legisla (i.e., cria a lei) que *p* (sendo *p* uma variável para o enunciado do conteúdo da lei) ao realizar uma ação que expressa a intenção de que *p* se torne lei em virtude dessa intenção ser expressada de forma manifesta."[159] [160]

Acredito, porém, que há uma variação dessa ideia que dá um pouco mais de precisão sobre o que Raz quer dizer, quando afirma que excetuadas convenções interpretativas locais em sentido contrário, a intenção legislativa "é a intenção de dizer aquilo que normalmente se compreenderia que alguém está dizendo, dadas as circunstâncias em que essa pessoa falou".[161] Contudo, para que essa concepção teórica seja viável, Raz precisa enfrentar duas dificuldades. Em primeiro lugar, deve indicar como é possível transplantar essa lógica dialogal para instituições, para então resolver o problema original sobre a possibilidade de se identificar o conteúdo das diretrizes jurídicas sem realizar considerações avaliativas. Abaixo, forneço as explicações de Raz para essas duas questões.

1.5.1. *A intencionalidade de instituições*

Para Raz, se as instituições "podem agir intencionalmente, após muita deliberação (por exemplo, 'após discutir a questão por sete horas a Casa dos Comuns aprovou a lei conforme emenda da comissão'), elas podem ter intenção".[162] Com isso, imagino que ele esteja afirmando que o fato de instituições serem capazes de intencionalidade é uma decorrência lógica da sua realização de atos que demandam ação intencional.

[158] *BAI*, p. 287. No original "Once we know what the legislation meant we know what the legislator meant. He meant that.".

[159] *BAI*, p. 283.

[160] Bix chamou essa formulação de minimalista. *Cf.* BIX, Brian H. "Can theories of Meaning and Reference solve the Problem of Legal Determinacy?" In: *Ratio Juris*. Vol 16, N 3, 2003, pp. 281-295, p. 292.

[161] *BAI*, p. 285.

[162] *BAI*, p. 287.

Na medida em que sua tese interpretativa está calcada fortemente na ideia de intenção legislativa, Raz precisa defender que a instituição que legisla pode ter uma intenção. Ele faz isso pela aproximação da atividade legislativa com a de decisão.

Mas legislar seria algo semelhante a decidir? A aproximação entre uma diretriz jurídica e uma decisão já estava presente em *Practical Reason and Norms*, ao identificar a decisão tomada como uma razão protegida para a ação, cujo principal traço é encerrar o processo deliberativo (*put and end to deliberation*).[163] Assim, apesar de decisões não serem normas, ambas afetam de modo semelhante a razão prática de quem as aceita como razões[164]: "ter uma regra é como ter decidido de antemão o que fazer"[165]. Raz apresenta quatro características da decisão, das quais duas, acredito, são relevantes para compreender sua noção de intenção legislativa:

- "Decidir consiste em formar uma intenção. Uma decisão pode ou não envolver um ato mental de decidir. Porém, mesmo nesses casos nos quais a decisão não é cristalizada em um ato mental, é verdade que se uma pessoa decide no momento *t* que deve fazer *A*, então por algum período anterior a ela não tinha a intenção de realizar *A*, bem como por algum período posterior a *t* ela terá a intenção de realizar *A*."[166]
- "Decisões são alcançadas como resultado de uma deliberação. *x* decide realizar *A* apenas se ele tiver a intenção de realizar *A* enquanto resultado de um processo deliberativo, seja a respeito de realizar *A*, seja a respeito de como resolver um problema prático, no qual a realização de *A* é tida pelo agente como uma solução ao problema. Na maioria dos casos, a decisão resulta da deliberação a respeito das razões favoráveis e contrárias à ação. Todavia, a pessoa pode decidir por realizar uma ação sem ter considerado as

[163] *PRN*, pp. 65-67. Conforme esclarecido no Segundo capítulo da tese, o encerramento deliberativo que uma razão protegida para a ação traz, não é definitiva ou absoluta. O agente pode – e por vezes deve – voltar atrás. Mas a própria ideia de que é possível "voltar atrás" presume que um passo importante foi dado.

[164] *PRN*, pp. 71-72.

[165] *PRN*, p. 73.

[166] *PRN*, p. 65.

> razões para tanto [...] mas os casos centrais são aqueles nos quais a intenções são formadas pela deliberação.[167]

Essas características, contudo, fornecem somente uma resposta parcial para a questão. Aceitando como pressuposto que decisões podem operar no raciocínio prático de forma semelhante a normas obrigatórias, falta esclarecer em que medida essa característica se transmitiria a uma instituição. Raz sustenta que tanto pessoas quanto instituições agem com base em um processo que possui dois estágios, um deliberativo e um executivo. No âmbito pessoal, o estágio deliberativo é aquele durante o qual são avaliados os méritos de diversas ações alternativas entre si, que se encerra quando a pessoa chega à conclusão a respeito do que deve ser feito. Já o estágio executivo tem início "se e quando ela formar uma intenção de realizar um ato determinado", de tal modo que a existência dessa intenção é indicativa do fim do processo deliberativo: "a pessoa está pronta para agir"; por vezes, com uma intenção que se "materializa" como decisão.[168]

É preciso explicitar, contudo, que a função dessa distinção entre estágios deliberativos e executivos – claramente grosseira – não é proposta como uma descrição precisa do processo deliberativo, mas visa identificar duas formas distintas de se engajar em uma ação intencional, cada uma com sua função e modo de operação. Encarada desse modo, a distinção entre esses estágios pode ser transportada para o âmbito institucional, no qual "tais divisões frequentemente comportam uma divisão de atribuições e responsabilidades entre diferentes pessoas" [169], ou seja, é usual ser capaz de identificar separadamente o momento de eleição da melhor conduta e o momento em que se planeja a melhor forma de executá-la.

Com essa divisão em mente, no estágio deliberativo, a questão a respeito do que deve ser feito pode ser respondida com argumentos de toda natureza e, com frequência, há predominância de argumentos morais.[170] Já no estágio executivo, "uma vez que a questão tiver sido decidida com base no interesse da respectiva instituição social, seu órgão

[167] *PRN*, pp. 65-66.
[168] *EPD-PNL*, p. 206.
[169] *Idem*, p. 206.
[170] *Idem*, pp. 206-207.

competente irá formular 'a intenção social', ou seja, irá emitir uma diretriz dotada de autoridade"[171]. Munido desse aparato analítico, Raz pode concluir que "enquanto a argumentação [e a avaliação a respeito da ação escolhida] for mantida em aberto, o estágio executivo não foi alcançado"[172].

Essa conclusão possui diversos pontos relevantes, dos quais ressalto três. No âmbito da razão prática, essa divisão de estágios somente faz sentido se forem aceitas as concepções de razão exclusionária e de razão protegida propostas por Raz. No âmbito interpretativo, essa divisão reforça a possibilidade e a plausibilidade das Condições de Autoridade Explícita, na medida em que a existência de um estágio executivo só faz sentido se a diretriz oriunda do estágio deliberativo puder ser aplicada sem que seja necessária qualquer avaliação sobre sua qualidade moral.[173] Em especial, porém, ainda no campo interpretativo, essa conclusão permite reconhecer a possibilidade de estágios deliberativos no processo de tomada de decisões de uma instituição. Se assim for, na medida em que decisões – por definição – pressupõem intencionalidade, seria possível concluir que *faz sentido* atribuir intencionalidade a instituições.

Se os argumentos de Raz foram bem-sucedidos, ele conseguiu defender a inteligibilidade e a plausibilidade de reconhecer intencionalidade em decisões e diretrizes emanadas por instituições, sendo que essa intencionalidade institucional não é redutível às intenções dos sujeitos que atuam na instituição. Em outras palavras, consegue defender que "na medida em que o direito deriva de atividade legislativa intencional, sua interpretação deveria refletir a intenção dos seus legisladores".[174] O intuitivo seria imaginar que Raz defende que as únicas diretrizes jurídicas existentes são aquelas contidas em diretrizes explicitamente formuladas. Todavia, Raz aceita a existência de diretrizes jurídicas implícitas, gerando uma dificuldade adicional para que a identificação do

[171] *EPD-PNL*, p. 207.

[172] *Idem*, p. 207.

[173] "Apenas considerações positivadas podem pertencer ao estágio executivo [...]. Aqueles sujeitos a essas considerações não são normalmente autorizados, pela respectiva instituição social, a desafiar ou questionar sua validade. Agir assim implicaria reabrir o processo deliberativo e, exceto se houver limitações na liberdade com a qual isso pode ser feito, tais considerações não podem ser consideradas como executivas". *EPD-PNL*, p. 207.

[174] *BAI*, p. 275.

conteúdo das diretrizes se dê de acordo com a Tese das Fontes Sociais. Além disso, é preciso compreender como ele compatibiliza essa noção de diretrizes implícitas com o argumento de que toda diretriz pode ser rastreada a uma intenção legislativa.

1.5.2. *Conhecer sem avaliar – diretrizes implícitas e coerência*

Para Raz, a Tese da Autoridade Alegada e a Tese das Fontes Sociais não se comprometem com a ideia de que toda norma jurídica precisa ser explícita: "muito daquilo que não é explicitamente enunciado em fontes jurídicas também gera obrigações jurídicas" [175], rechaçando como incorretas as críticas de Ronald Dworkin e David Lyons em sentido contrário.[176] Isso, porém, parece estar em conflito com sua concepção a respeito da capacidade do conteúdo das normas jurídicas ser conhecido sem recurso a considerações avaliativas. Como ele concilia essas duas noções?

Para o filósofo, o conteúdo implícito do direito consiste na porção interpretativa de uma diretriz jurídica explícita, ou seja, corresponde àquela porção de informação que está presente no enunciado, apesar de não ter sido explicitada. O exemplo fornecido por Raz é o seguinte: ao se afirmar que "a mulher de John está doente", o enunciado possui diversos conteúdos implícitos, dentre os quais o de que John é casado.[177] Sendo assim, o que Raz admite como conteúdo implícito é sempre aquele conteúdo que pode ser diretamente inferido de diretriz explícita específica, como uma regra (ou princípio) jurídica ou uma decisão judicial.[178] Nesses termos é que se deve entender sua colocação de que o direito "é o produto de uma atividade comunicativa na legislação e adjudicação, cujo significado deriva do significado dos atos que as criaram, [sendo] natural pensar que boa parte do direito conta com o que está

[175] *EPD-ALM*, p. 234.

[176] Respectivamente em: Raz, Joseph. "Dworkin: A New Link in the Chain". *In: California Law Review.*Vol. 34, Issue 3, 1986 e EPD-ALM, p. 234.

[177] Este é o exemplo literalmente utilizado em Raz, Joseph. "Dworkin: A New Link in the Chain". *In: California Law Review.* Vol. 34, Issue 3, 1986, p. 1103.

[178] *Ibid*, p. 1103. Para Raz não faz sentido pensar no significado implícito oriundo do conjunto de diretrizes explícitas porque ele não aceita a exigência de coerência/integridade dworkiniana (conforme indicado mais adiante). Não há como pensar o significado implícito de normas em um modelo de imposição de sentido ao sistema jurídico como um todo, pois o sistema, ao seu ver, comporta diversos valores e funções, inclusive contraditórios entre si.

meramente implícito na legislação ou em precedentes"[179]. A seu ver, para a compreensão do conteúdo explícito e implícito do direito, basta que o intérprete possua as informações de fundo (*background information*) adequadas[180], bem como saiba fazer uso das "regras técnicas e convenções de interpretação".[181] Esses são os instrumentos necessários para resgatar a intencionalidade por trás da norma e que, aos olhos de Raz, não exigem considerações avaliativas.

Com isso, Raz fornece sua leitura de como o conteúdo das diretrizes jurídicas pode ser identificado sem recurso a considerações avaliativas. As diretrizes explícitas e implícitas, bem como suas razões dependentes, podem ser identificadas por um exercício de técnicas e conhecimentos linguístico-culturais básicos, com o intuito de recuperar a intenção cabível para o contexto da emissão da diretriz. A complexidade sobre a normatividade ou sobre como aplicar a diretriz não são problemas para Raz, já que isso, a seu ver, extrapola a identificação do conteúdo da diretriz. Esse é o fundamento da discricionariedade judicial na teoria raziana.

1.5.3. *Discricionariedade judicial*

Para Raz, é um equívoco supor que as autoridades legislativas e as autoridades judiciais desenvolvem o direito por meio de lógicas necessariamente distintas. Segundo o filósofo, há uma "visão típica" na teoria do direito segundo a qual a criação legislativa funciona como uma injeção de conteúdo jurídico no sistema, mas motivada por considerações extrajurídicas, enquanto as autoridades judiciais, ao se engajarem na atividade criativa do direito, desenvolvem um raciocínio a partir do próprio direito, seu espírito, força e significado.

Para Raz, essa visão típica possui uma premissa oculta que conduzirá a um paradoxo. Os defensores da visão típica não explicitam se, para eles, a decisão judicial é sempre uma atividade declaratória de normas pré-existentes, ou se, ao contrário, a decisão judicial efetivamente cria novas normas. De todo modo, para o autor, nenhuma das opções chegaria a conclusões viáveis. Se juízes raciocinam de acordo com o direito

[179] *Ibid*, p. 1106.

[180] Como o conhecimento da língua na qual a norma é transmitida e "familiaridade com as crenças a respeito do mundo natural e social da respectiva sociedade". *Ibid*. p. 1105.

[181] *Ibid*, p. 1107.

e, portanto, possuem o dever de encontrar a resposta jurídica correta, logicamente essa norma deve existir (e ser obrigatória) antes da referida decisão judicial. Porém, se for este o caso, as autoridades judiciais *nunca* desenvolvem ou modificam o direito. A outra opção é igualmente problemática. Se a autoridade judicial cria normas jurídicas com sua decisão e, portanto, desenvolve e modifica o direito, então "como o direito existente pode indicar qual é a regra jurídica que deve ser adotada?". Esse é o enigma (*puzzle*) que Raz se propõe a resolver.[182] Sua tese é a de que o desenvolvimento do direito é sempre realizado por meio de raciocínios extrajurídicos (por exemplo, morais), tanto no âmbito do Legislativo quanto do Judiciário.

Para defender essa tese e refutar a visão típica, Raz analisa três formas possíveis de desenvolvimento em um sistema jurídico: por meio de (i) convenções (explícitas ou implícitas) da profissão jurídica em um sistema; (ii) razões ligadas aos *meios* para se atingir um determinado fim (razões auxiliares); e (iii) razões que indicam a necessidade de se alcançar uma determinada *finalidade* (razões operativas). [183] Com isso, Raz visa indicar que o corpo de normas existentes em um sistema jurídico fornecem razões auxiliares e operativas para o desenvolvimento e mudança desses sistema jurídico, mas por meio de uma lógica extrajurídica.[184]

A noção de que o corpo jurídico de um dado sistema pode fornecer razões auxiliares ao seu próprio desenvolvimento é apresentada como algo facilmente percebido pelo senso comum. Em vista de certos valores e objetivos, há razões para que as normas jurídicas sejam modificadas. Na verdade, é esse o raciocínio que guia reformas normativas e redesenhos institucionais, a partir de um valor trazido por uma razão operativa. A esse respeito, mereceria atenção apenas a diferença no modo como o Legislativo e o Judiciário atuam nesse tipo de desenvolvimento: em regra, "tribunais têm pouco controle sobre os casos que serão apre-

[182] *EPD*, p. 239.

[183] Em *PRN*, Raz define razões operativas como razões para agir que geram reflexões profundas a respeito das condutas tomadas e estão ligadas a valor, desejos ou interesses. *PRN*, p. 33.

[184] Raz usa o exemplo de alguém que precisa decidir se fica em casa ou não. O fato da pessoa sair de casa gerar uma grande chance dela se molhar constitui uma razão auxiliar, enquanto o fato de se resfriar ou passar frio ser algo ruim é uma razão operativa. Pela junção dessas duas razões, a pessoa tem razão para ficar em casa. *Cf.* *EPD*, p. 241.

ciados e considera-se que não podem controlar as oportunidades disponíveis para mudarem o direito; logo, seu raciocínio predominante é de [...] reforma parcial [do direito]." Seria por essa condição que o desenvolvimento do direito é conservador nas mãos dos juízes, ou seja, tende a ser "gradual e orgânico". Mudanças radicais ocorrem por meio do Legislativo.[185] Não há nessa análise uma carga ideológica, mas a indicação de que a produção de reformas normativas e judiciais é constrangida no Judiciário em vista da sua inerente condição de "ausência de controle sobre as suas oportunidades" sobre quando e o que "mudar no direito".[186]

É mais difícil, porém, identificar *como* o direito pode fornecer razões operativas para o seu próprio desenvolvimento. Para Raz, o direito fornece razões operativas, mas não porque o conjunto de normas aponta para um valor a ser tutelado jurisdicionalmente, mas estabelecendo o que ele chama de *poderes dirigidos* (*directed powers*). Poderes dirigidos são aqueles nos quais o poder está anexado a um determinado dever.[187] Com base nessa ideia, Raz defende que há fontes do direito que orientam tanto legisladores quanto juízes a agir de acordo com certos valores, ou seja, que criam obrigações para que esses poderes criem determinadas normas.[188]

Há dois tipos de poderes dirigidos, aqueles que exigem dos agentes considerações morais e aqueles que não demandam esse tipo de recurso.[189] Apenas o primeiro tipo está envolvido na atividade de produção de normas; é o caso do legislador que necessita editar uma norma jurídica sobre a segurança pública e precisa raciocinar sobre critérios morais para "resolver conflitos entre segurança pública e liberdade

[185] Tudo em *EPD*, p. 240.

[186] *Ibid*, p. 241.

[187] *Ibid*, p. 242. Raz dá o exemplo do direito a voto com a obrigatoriedade de votar, que existe em certos países como o Brasil.

[188] *Ibid*, pp. 241-242.

[189] *Ibid*, p. 245. Uma vez que mesmo países que não são de *common law* a Jurisprudência é fonte do direito, decisões judiciais interferem na mudança e desenvolvimento do direito. Para Raz, o próprio fato de o direito ser um "sistema institucionalizado de normas administradas por instituições judiciais" é suficiente para que as decisões judiciais sejam fonte do direito.

individual."[190] O filósofo identifica três casos em que decisões judiciais modificam ou desenvolvem o direito: (i) a decisão que é contrária ao direito, mas ao decidir estabelece um precedente ou venha a se tornar jurisprudência; (ii) a decisão em um caso em que há indeterminação; e (iii) a decisão que está de acordo com o direito, mas decide sobre um caso concreto inédito. Exploro abaixo cada um dos casos.

No positivismo raziano há espaço para o erro judicial.[191] O direito não é o que o juiz diz que ele é, mas o próprio sistema jurídico permite que uma decisão *contra legem* que não vier a ser reformada gere uma nova norma jurídica que revoga a anterior.[192] "O Tribunal de Justiça da União Europeia[193] pode muito bem ter agido contrariamente ao direito (*against the law*) quando declarou a aplicabilidade direta do artigo 119 do Tratado de Roma. Porém, uma vez que sua decisão se solidificou em uma norma costumeira do Tribunal [...] ela se tornou a regra da Comunidade".[194] Nesse caso, a autoridade judicial vai contra o seu poder dirigido e comete um *equívoco*,[195] ela modifica o direito se houver um fato social que endossa a decisão com autoridade.

Porém, é nos casos de indeterminação que os poderes dirigidos aparecem com mais força. Suponha que exista uma máxima jurídica (*legal doctrine*)[196] pela qual "uma pessoa detém dever de cautela em relação a outrem "se as circunstâncias temporais, locais e pessoais sejam tais que um homem razoável que estivesse nessa situação anteveria a possibilidade de dano a outras pessoas, de modo a exigir dele cautela para evitar

[190] *Ibid*, p. 243. Esse ponto é interessante porque indica a compatibilidade entre o positivismo de Raz e um modelo interpretativo que enxerga nos casos concretos uma noção de conflito de direitos. Isso faz todo sentido já que Raz não endossa uma teoria de unidade do valor.

[191] *EPD*, p. 245.

[192] *Ibid*, p. 245.

[193] Adaptei o nome da instituição

[194] *Ibid*, p. 245.

[195] *Ibid*, 247. Chamar isso de equívoco é crucial para a consistência da teoria.

[196] A tradução desse termo é crucial, pois pode gerar uma profunda má-compreensão do argumento de Raz. Em grande parte *legal doctrines* podem ser pensadas como *princípios jurídicos*, desde que se pense em uma determinada concepção de princípios. Certamente Raz não fala de algo como princípios na concepção dworkiniana, ou seja, como normas jurídicas, mas sim algo próximo da concepção de Alexy, de mandados de otimização.

tais resultados".[197] Suponha, ainda, que um juiz depare-se com um caso em que ele precisa saber se um pesquisador possui deveres de cautela em relação a pessoas não autorizadas a participar da pesquisa.[198] Nesse cenário, Raz conclui – e pede ao leitor que aceite como premissa – que há indeterminação porquê a máxima jurídica "fracassa em fornecer uma resposta" ao caso. Essa indeterminação não é semântica, ou seja, não deriva de uma indeterminação de sentido dos termos e palavras, pois o filósofo admite que a máxima pode ser determinada em outras hipóteses: determinando o resultado de muitos casos nos quais há argumentos razoáveis (*sound arguments*) para estabelecer qual teria sido a opinião de um homem razoável (*reasonable man*). A indeterminação existe na relação entre a norma jurídica e o caso concreto: ela não implica (*entails*) o resultado em qualquer um dos sentidos. Assim, segundo Raz, não havia norma jurídica governando a situação e após a decisão judicial passa a ter.[199] O direito é desenvolvido, "passando a ser determinando onde antes era indeterminado".[200]

A terceira hipótese de desenvolvimento é a mais curiosa de todas: desenvolvimento do direito por sua aplicação correta, em caso de determinação normativa. Para elucidar o argumento, Raz traz o exemplo de uma máxima jurídica pela qual "um contrato que tende a gerar corrupção na vida pública é ilegal"[201], de acordo com o qual uma autoridade judicial deve decidir sobre a licitude de um contrato pelo qual uma parte contribui com a campanha eleitoral da outra, obrigando como contrapartida que o candidato eleito tome certas atitudes com o cargo público. Sob essa hipótese, Raz pede para que o leitor presuma que a máxima determina que esse contrato é ilegal, mas não o faz sob o argumento de simples subsunção. Para esse positivista, essa correta aplicação da máxima é alcançada por meio de "uma cadeia de raciocínio a respeito dos possíveis efeitos de se reconhecer a validade de tais contratos e do

[197] *Ibid*, pp. 244-245.

[198] No original: "wheter a surveyor owes a duty of care to people whose reliance on the survey was not authorized by him". *Cf. Ibid'*, p. 246.

[199] No original: "Since the rule is established in the case and since it was not established law before it, the [...] case does, giver our assumptions, develop the law". *EPD*, p. 247.

[200] *EPD*, p. 247.

[201] *Idem*, p. 244.

quanto são moralmente desejáveis".[202] Ao fazer isso e tomar sua decisão a respeito desse caso concreto, a autoridade judicial cria nova diretriz jurídica de acordo com o conteúdo do direito, mas "a regra que ela estabelece é uma nova regra e não havia diretriz jurídica anterior a esse respeito".[203] Esse seria um dos casos em que "o único dever dos tribunais aponta para uma regra específica como aquela que deve ser estabelecida. Porém, essa regra não integra o direito até que seja fixada pelos tribunais. Assim é que temos uma razão jurídica para modificar o direito".[204]

Em síntese, as três hipóteses – de equívoco judicial, de indeterminação e de caso novo determinado – são de mudança e desenvolvimento do direito. No caso da indeterminação, o direito é desenvolvido de modo a criar uma regra que supre a lacuna que existia, completando a ordem normativa. No caso da exigência determinada, porque ainda que o sistema jurídico apontasse uma solução, antes da declaração judicial não havia uma norma jurídica que regulasse o caso antes da decisão. Por esse motivo que, antes da decisão, um advogado aconselharia seu cliente no sentido de que em vista da máxima o tribunal deve (*ought*) declarar a ilegalidade do contrato, mas como "não há autoridade jurídica sobre a questão, e sendo que o direito ainda não está pacificado sobre a matéria, o resultado irá depender das convicções morais e políticas dos juízes [envolvidos]."[205] A ilegalidade do contrato se tornou um fato jurídico apenas depois da decisão judicial que apreciou a questão.[206]

É importante esclarecer que essa construção teórica não é desenvolvida com vistas a trazer mais objetividade e segurança para o direito. Raz esclarece que sua teoria não equaciona fatos sociais com certeza ou moralidade com incerteza. "Muitas proposições morais são mais certas e menos controversas do que proposições empíricas[...] [por exemplo, a proposição de] que assassinar uma pessoa inocente e saudável é errado,

[202] *Idem*, p. 247.
[203] *Idem*, p. 247.
[204] *Idem*, p. 250.
[205] *EPD*, p. 248.
[206] Esse argumento foi desenvolvido também no Posfácio a "Legal Principles and the Limits of Law", publicado em: Cohen, Marshall (ed.). *Philosophy and Society: Ronald Dworkin and Contemporary Jurisprudence*. United States of America: Rowman & Allanheld, 1983, pp. 81-87.

é menos controversa do que qualquer teoria econômica [...]". [207] Ele reconhece que mesmo fatos sociais podem estar sujeitos a desacordos. A Tese das Fontes Sociais destaca a importância de se distinguir as considerações de ordem moral que são apoiadas (*endorsed*) por autoridades públicas, daquelas que não são.[208]

Ao caracterizar a atividade jurisdicional desse modo, ele consegue traçar uma linha de semelhança entre os *poderes dirigidos* de autoridades judiciais e de legisladores: ambos terão um estágio deliberativo no qual poderão ser utilizados argumentos avaliativos (especialmente os morais), mas isso é realizado dentro de um quadro delimitado por uma norma jurídica, cuja intencionalidade é inteligível sem recurso a esses elementos. A norma jurídica autoriza o juiz a decidir moralmente, mas o juiz não precisa avaliar moralmente essa autorização. Nos casos em que há poderes dirigidos ou não há diretriz clara sobre como agir, para Raz simplesmente não há diretriz jurídica sobre a questão: não há direito. Se um juiz estiver apreciando o caso, terá que se valer de suas convicções políticas e morais para decidir e sua nova decisão criará uma regra jurídica.[209] Raz chega mesmo a sugerir que, em tais casos, não há porquê imaginar de antemão que a melhor decisão judicial deve vir de um esforço interpretativo:

> "Na prática da adjudicação, a interpretação aparece mesmo onde a doutrina da autoridade não chega e onde a interpretação conservadora é impossível ou injustificada. A questão a respeito do porquê e como os órgãos judiciais devem utilizar a interpretação como o modo correto de decidir casos ainda fica em aberto. Quando as decisões dos tribunais são inovadoras (i. e. não baseadas no respeito pela autoridade), por que elas deveriam ser interpretativas?".[210]

Assim, não é a interpretação que cria uma nova diretriz jurídica, mas a decisão judicial que resolver uma situação sobre a qual a intenção do direito era desconhecida. Segundo Raz, "lacunas jurídicas não são ape-

[207] *EPD*, p. 249. Essa crítica aparece também no Posfácio de Raz, em: RAZ, Joseph. *The Concept of a Legal System*. New York: Oxford Claredon Press, 1980 (2ª ed.), pp. 287-288.
[208] *EPD*, p. 249.
[209] *Ibid*, pp. 244-250.
[210] *BAI*, p. 298.

nas possíveis, mas, segundo a tese das fontes sociais, inescapáveis. Elas surgem, contudo, quando o direito fala com uma voz incerta (indeterminação simples) ou quando fala com muitas vozes (conflitos não resolvidos)".[211] Na teoria raziana, quando o direito é silente a respeito de alguma situação, não se está numa situação de lacuna legal, mas de aplicação de regras de fechamento lógico do sistema, que não são normas jurídicas, mas verdades analíticas a respeito de proposições jurídicas – e por esse motivo dispensam fundamento em fatos sociais.[212] As lacunas legais ocorrem quando há indeterminação da linguagem normativa ou quando a questão não foi pacificada (permanece em controvérsia judicial). Nesse sentido, conhecer a diretriz jurídica não implica nenhum conhecimento especial sobre como aplicá-la. Essa cisão entre conhecer e saber aplicar a diretriz depende dos pressupostos epistemológicos e ontológicos de Raz; mais especificamente, depende de sua concepção sobre a noção de prática social, que é o objeto do próximo capítulo.

1.6. Síntese e um ponto de inflexão

A premissa fundamental da teoria de Raz repousa em reconhecer que é essencial ao direito deter a *capacidade* de orientar os agentes públicos e aqueles que estão sujeitos a determinado sistema jurídico. Como a orientação é prática, ela deve elucidar o que deve ser feito. Porém, para que ela possa ser capaz de orientar, em termos lógicos, é preciso que o seu conteúdo (i) possa ser prontamente identificado, e (ii) não esteja aberto para discordância ou discussão na qualidade de solução para o problema que visa resolver. A identificação das razões dependentes da diretriz examinada é realizada por meio da investigação das intenções que se poderia razoavelmente esperar da instituição que expediu aquela diretriz (que se pretende) normativa. Esse exercício de identificação, porém, não é uma tarefa avaliativa. Se a identificação da intenção presente em uma regra jurídica ou em um conjunto de regras pertinentes passar a exigir um esforço avaliativo (moral ou não), a conclusão é que não há diretriz jurídica que governe o caso: trata-se de lacuna jurídica. Em caso de lacuna, a autoridade judicial cria novas diretrizes jurídicas.

[211] *TAL*, p. 77.

[212] O exemplo utilizado por Raz é a de que aquilo que não é juridicamente proibido é juridicamente permitido. *Cf.* TAL, p. 76.

Com isso, Raz oferece uma teoria sobre o conhecimento do conteúdo das diretrizes jurídicas que é compatível com as Condições de Autoridade Explícita.

Se o argumento de Raz a respeito das CAEs estiver correto, com base na Tese da Autoridade Alegada, ele fundamenta adequadamente que o direito não possui necessariamente normatividade; e que um sistema normativo pode ser reconhecido como jurídico ainda que o conteúdo de suas diretrizes seja absolutamente imoral. Além disso, a tese sobre o preenchimento necessários das CAEs fundamenta sua impostação meta-teórica de que qualquer teoria do direito apta a descrever adequadamente esse sistema normativo deve reconhecer que a existência e o conteúdo das diretrizes jurídicas independem de considerações avaliativas, inclusive morais, nos termos da Tese das Fontes Sociais. Sendo assim, o argumento sobre as Condições de Autoridade Explícita é que fornece consistência interna à teoria do direito de Joseph Raz.

Mas o que justifica as CAEs? Joseph Raz não é explícito a esse respeito. Meu argumento nesta pesquisa é que as Condições de Autoridade Explícita são uma decorrência natural de uma premissa ontológica do autor que é corriqueiramente ignorada: sua concepção sobre "prática social". Para Raz, não é possível derivar normatividade pelo fato de uma determinada conduta (ou conjunto de condutas) ser praticada socialmente. Para o filósofo, práticas sociais não fornecem razões para a ação, na medida em que são apenas o sinônimo de "algo praticado socialmente", ou seja, algo sem qualquer ontologia distinta que seja capaz de gerar normatividade; algo que explico de forma detalhada no próximo capítulo.

2. RAZÃO PRÁTICA SEM PRÁTICA SOCIAL: PREMISSAS ESQUECIDAS

No primeiro capítulo, ofereci uma leitura sistematizadora da Teoria do Direito de Joseph Raz, indicando que sua principal contribuição para o debate contemporâneo não é a defesa da Tese das Fontes Sociais, mas a indicação de que o direito e as diretrizes jurídicas não fornecem necessariamente razões para a ação (Tese da Autoridade Alegada). Além disso, indiquei que a consistência interna de sua teoria do direito está ligada a uma certa concepção de prática social.

Neste capítulo, explico em detalhes porque Raz considera que nenhum tipo de prática social pode servir de fundamento para a normatividade do direito. Nesse sentido, Raz rejeita a ideia de que o direito pode ser entendido de modo análogo a jogos lúdicos. Esse posicionamento, por sua vez, é tomado porque Raz não enxerga na noção de prática social nenhuma ontologia distintiva: *prática social* é entendida como sinônimo de *praticado socialmente.* Essas premissas foram expostas de maneira mais detalhada no seu livro *Practical Reason and Norms* e não apareceram mais no restante de sua obra. Recentemente, Raz confirmou sua posição em uma entrevista:

> "Se você quer saber 'como obrigações e direitos podem surgir a partir da manifestação de uma pessoa', a resposta é que eles não podem. Quando pessoas ou instituições podem impor obrigações ou conceder direitos por meio de sua manifestação, eles podem fazer isso porque

> foram autorizados (*empowered*) a fazê-lo por fatores normativos cuja existência independe de tais atos (*normative considerations that exist independently of these actions*). De modo geral, isso ocorre porque é bom para as pessoas que eles e outros possam impor obrigações e conceder direitos. Anteriormente eu me referi a um exemplo dessa forma de raciocínio: quando as condições de legitimidade são preenchidas, instituições jurídicas [...] integram o quadro (*framework*) que permite a existência de sociedades politicamente organizadas capazes de fomentar a solidariedade, com respeito e apoio mútuo. A existência de tais sociedades é benéfica para as pessoas, mais especificamente para os membros dessas sociedades e, portanto, todos possuem razões para apoiar a criação e manutenção dessas instituições. É por isso que elas possuem o poder normativo de impor obrigações e conceder direito por meio de sua manifestação. Há diferentes explicações sobre o poder de prometer, participar de relacionamentos como o casamento, etc., mas todas elas fazem referência a considerações normativas que existem de maneira independente e garantem o poder das pessoas modificarem condições normativas a partir de ações voltadas para esse fim."[213]

Para expor os detalhes da premissa de Raz a respeito da noção de prática social e indicar sua relação com questões de ordem ontológica,

[213] RAZ, Joseph. "From normativity to responsibility etc". *3:AM Magazine*. Entrevista concedida a: Richard Marshall. Publicada em 1º de setembro de 2014, disponível em: <http://www.3ammagazine.com/3am/from-normativity-to-responsibility-etc>. Acessado em: 5 de setembro de 2014. No original: "If you mean 'how can duties and rights spring into existence on the mere say so of a person'? The answer is that they cannot. When people or institutions can by their say so impose duties or confer rights on people that is because they are empowered to do so by normative considerations that exist independently of these actions. Most commonly that is because it is good for people if they or others can impose duties and confer rights. Earlier I alluded to an instance of such reasoning: when the conditions of legitimacy are met, legal institutions, which paradigmatically impose duties and confer rights, are part of the framework for the existence of politically organized societies that can foster solidarity and mutual respect and support. The existence of such societies is of great benefit to people, most directly to members of these societies, and therefore everyone has reason to support the generation and continued existence of these institutions. That is why they have the normative power to impose duties and confer rights by their say so. The accounts of the power to make promises, to enter into relationships such as marriage, and so on, would differ, but they are all unified by pointing to independently existing normative considerations that vindicate the power of people to change the normative situation by actions intended to do so."

me proponho a contextualizar a posição de Raz em um debate filosófico mais amplo a respeito da ação humana. Com isso, traço uma distinção entre duas concepções que chamo de "prática como fato" e "prática como racionalidade".

Em síntese, a concepção de prática como racionalidade implica aceitar que a compreensão de uma regra de uma prática social se traduz na *capacidade* de aplicá-la corretamente; e que essa compreensão da regra depende da apreensão do sentido dessa prática social. Ao compreender a regra, o agente ganha a capacidade de agir com autonomia dentro daquela prática, engajando-se em situações mais complexas; a regra o *habilita*. Mas o sentido que dá inteligibilidade para as regras de uma prática social exige que o agente adote uma intencionalidade correta: uma intencionalidade inter-subjetiva. Quando Raz se filia à noção de *racionalidade como fato*, ele nega todas essas teses. Para tal concepção, práticas sociais não são atividades regradas, mas apenas atividades coletivas, realizadas pela soma de ações e intencionalidades individuais. Regras existem apenas como a existência ou ausência de limites para a ação e portanto prescindem de qualquer sentido maior para serem compreendidas. Conhecer a norma não implica ser capaz de aplicá-la e, principalmente, o fato de uma regra ser praticada não diz nada a respeito de sua normatividade. Quem fala de "prática social", mas diverge sobre a concepção adotada, não fala da mesma coisa.

2.1. Duas concepções sobre a noção de prática social

A conversão do Diabo é um conto escrito no início do século XX por Leonidas Andreiev, que retrata a batalha de um diabo de meia-idade que se propõe a ser discípulo de um padre para conseguir entender o que é o bem.[214] Desejoso de fazer o bem, o diabo pedia regras e princípios capazes de fornecer "uma resposta que convenha a todas as épocas e a todas as situações da vida, que não contenha nenhuma contradição, que [permitam que] eu saiba sempre como agir sem risco de erro [...]".[215] Cada tentativa do padre de fornecer tais critérios era seguida por um

[214] ANDREIEV, Leonidas. "A conversão do Diabo". SEPÚLVEDA CAMPOS, Maria do Carmo (Org.). *Contos Russos Eternos.* Rio de Janeiro: Editora Bom Texto, 2004, pp. 215-255.
[215] *Ibid.* p. 222.

episódio de fracasso retumbante: o diabo queria, mas não conseguia fazer o bem.

Ao tentar ajudar o demônio a fazer o bem, o padre passou por um longo percurso. Na sua primeira tentativa ofereceu "duas regras inteiramente inteligíveis: [...] se alguém lhe pedir, dê-lhe até a sua última camisa. [...] se alguém lhe bater numa face, ofereça a outra". Perdido na literalidade das regras, o diabo negou-se a dar o que lhe pediam, pois sua camisa nunca foi requisitada e, além disso, brigava e revidava agressores que lhe batiam em todos os lugares, inclusive na testa, mas não na face. O diabo considerava que não tinham surgido oportunidades em seu caminho para praticar o bem. Após alguns fracassos ao tentar realizar o bem por meio de princípios gerais, o padre ordenou ao diabo que ficasse imóvel em um canto da igreja, enquanto escrevia um guia detalhado de condutas que promovem o bem. Mesmo nesse momento de paralisia, as dúvidas surgiam: ele poderia matar a mosca que pousava em seu rosto, ou estaria ofendendo o mandamento de "não matarás"? No final da vida, o padre consegue terminar o seu guia, que ao chegar às mãos do diabo, pareceram ser diretrizes inúteis. Após um longo período de análise, o diabo, que tinha excelente raciocínio instrumental e lógico, notou que as regras estavam contaminadas por contradições infernais, pois todas estavam condicionadas ao contexto. "Não havia uma única ação firmemente prescrita pelo padre que não estivesse confrontada algumas páginas à frente com a ação totalmente inversa, prescrita com a mesma firmeza". Era como se estivesse escrito "quando for preciso, não mate; e quando for preciso, mate". Com o falecimento do padre, sem poder obter esclarecimentos e respostas adicionais, o diabo se resignou a total inação, esperando o seu fim, coberto por poeira e teias de aranha.[216]

Creio que há dois modos de ler o desenvolvimento do conto, que por sua vez refletem duas concepções sobre a ação humana. Mais especificamente, concepções que se revelam em duas formas de compreender a noção de prática social: para fins de clareza, chamarei uma delas de "prática como fato" e a outra de "prática como racionalidade".[217]

[216] *Ibid.* p. 245.

[217] Essa divisão é fortemente baseada e influenciada na análise realizada por José Reinaldo de Lima Lopes em: "Entre a teoria da norma e a teoria da ação". *In*: Storck, Alfredo C.; Lisboa, Wladimir B.(Orgs.). *Norma, Moralidade e interpretação: temas de filosofia política e do direito.* Porto Alegre: Ed. Linus, 2009, pp. 43-80.

A noção de prática como fato ilustra a premissa de Raz, enquanto a noção de prática como racionalidade indica a premissa de John Searle, Ronald Dworkin e outros autores indicados abaixo.

Quais seriam os motivos dos equívocos do diabo segundo a concepção de *prática como fato*? Sob essa ótica, adotada por Raz, toda a dificuldade deve ser originada na má qualidade das diretrizes fornecidas pelo padre. Se fossem mais detalhadas, minudentes ou precisas, o diabo teria como agir corretamente perante tais situações. É claro que sempre poderiam surgir situações inesperadas e, em tal caso, o diabo estaria abandonado à própria sorte. Na concepção de prática como fato, não há nada na reiteração de certas condutas que forneça parâmetros à correção de como agir na ausência de diretrizes claras. Afinal, as condutas reiteradas de terceiros podem estar simplesmente equivocadas. O diabo possui todas as qualidades racionais, cognitivas e lógicas, para realizar o bem. Querer mais do diabo seria ridículo, como indicado na passagem do conto em que o padre tenta explicar ao diabo que fazer o bem exige um certo talento nato.

> "– Mas, se não há regras, não há o bem.
> [...]
> – [...] Com relação ao bem, vou fazer-lhe uma pergunta: você é um diabo de espírito curioso, foi a muitas igrejas e museus, viu muitas obras de grandes mestras; a beleza lhe agradou?
> – às vezes sim, ás vezes não;
> – Já ouviu dizer que não há regras para a beleza?
> – Dizem que há algumas.
> – Algumas! E você, seu Pés-Fendidos, se aprendesse essas regras, poderia criar a beleza?
> – Não tenho talento! Não, não poderia.
> – E quer fazer o bem sem ter talento para isso? É que o bem, meu filho, exige ainda mais talento do que a beleza, sim senhor! E que talento!
> O diabo deixou escapar um pequeno assobio.
> – Essa não, meu pai! O senhor ultrapassa os limites! Se eu pinto um quadro ruim, não me mandarão para o inferno por causa disso, mas se eu torcer o pescoço do meu próximo, farão um escarceú! E depois, ninguém me obriga a pintar quadros, enquanto todos me dizem para fazer o bem. Dizem-me para fazê-lo, mas não me explicam o que é, e a cada fracasso, pimba! Um soco nos dentes!

> – É preciso talento, meu filho!
> – E se eu não tiver talento, então? Faço o que? Vou para o inferno?
> O padre balançou a cabeça e ergueu os braços para o céu:
> – Não sei, meu filho. Eu mesmo perco a cabeça com você!
> – Não quero saber nada do seu talento! Dê-me regras! Não quero pintar quadros, quero fazer o bem! Então, ensine-me a fazê-lo, invente alguma coisa, mas me instrua!"[218]

Essa mesma situação permite uma interpretação radicalmente distinta. Segundo a concepção da *prática como racionalidade*, encampada por Searle, o problema é que o padre não deu exemplos que indicassem o sentido das regras. Mesmo com o maior número possível de diretrizes detalhadas, o diabo eventualmente faria boas ações, mas ainda *não saberia* fazer o bem. Enquanto o diabo não viesse a compreender a racionalidade das ações que visam o bem (sem entender seu sentido) não haverá real compreensão das regras sobre a boa ação. A prova de que o diabo não entendeu as regras é *demonstrada* pelo fato de não saber aplicá-las. Sob a concepção de prática como racionalidade, é justamente o sentido da ação que guia o agente nos casos de dúvida. Esse estado de completa ignorância disfarçada fica clara no trecho em que o diabo retorna à Igreja após um período de peregrinação tentando seguir a máxima "não se oponhas ao mal".

> "O diabo contou demoradamente como o haviam expulsado e surrado, deixado morrer de sede e roubado nas estradas desertas. E eis o que lhe aconteceu no fim de sua viagem:
> – Eu estava deitado, meu pai, descansava atrás de uma pedra à beira de uma estrada. E vi chegarem de um lado dois bandidos, pessoas ruins e, do outro, uma mulher que trazia nos braços alguma coisa que parecia muito preciosa. Os bandidos lhe disseram: 'Dê isso!' E ela não deu. Então um dos bandidos levantou sua espada...
> – E então?- gritou o padre apertando as mãos de encontro ao peito.
> – O bandido atingiu-a com a espada, cortou-lhe a cabeça em duas partes, e a coisa preciosa caiu no chão; e quando os bandidos abriram o pacote, perceberam que o único e último tesouro da mulher assassinada

[218] *Idem* pp. 231-233.

era um bebê. Eles caíram na gargalhada, e um deles, o que tinha a espada, pegou o bebê por uma perna, levantou-o no ar...
- E então?- perguntou o padre tremendo.
- Ele o jogou e o arrebentou contra as pedras, meu pai!
- Mas... e você? Como pôde deixar que fizessem isso? [...]
- Não se oponha ao mal....- murmurou o diabo.
Houve um longo silêncio."[219]

Se sob a noção de *prática como fato* o diabo entendeu a diretriz mas não soube aplicá-la, já sob a noção de *prática como racionalidade* o diabo compreendeu o enunciado, mas não compreendeu a regra contida no enunciado. A partir das próximas seções pretendo oferecer um breve panorama sobre a concepção de *prática como racionalidade,* para então apresentar de maneira aprofundada como Raz desenvolve a concepção alternativa de *prática como fato.*

2.1.1. *Prática como racionalidade*

A ideia fundamental na noção de prática como racionalidade me parece ser oferecida na leitura que Peter Winch faz de Wittgenstein, ao enfatizar a ideia de que agir segundo uma regra (concebida em sentido amplo) requer não apenas decorar a ação contida em uma diretriz, mas compreender o critério que torna a ação correta ou incorreta. Compreender o critério consiste em compreender a regra que regula aquela ação. A essa ideia, faço o acréscimo de que a compreensão do critério depende de uma apreensão do sentido (ou valor) que dá inteligibilidade ao (explica o) significado daquela ação.

Com essa noção de regra como critério da ação correta, proponho algo que engloba todo tipo de diretriz, mas que não se reduz às situações em que um agente se guia conscientemente por tais diretrizes. Essa noção ampla atinge toda a situação em que o agente encontra e aplica um critério para distinguir entre um modo correto e um modo equivocado de realizar algo.[220] Na prática como racionalidade, conseguir

[219] *Op. Cit.* ANDREIEV, Leonidas, pp. 230-231.

[220] WINCH, Peter. *The Idea of Social Science and its Relation to Philosophy.*London: Routledge, 2008, p, 54-55. Neste trecho, Winch desenvolve uma resposta à concepção de regra defendida por Michael Joseph Oakeshott. Há um paralelismo muito relevante entre a teoria de Raz

identificar esse critério implica saber aplicá-lo e reproduzi-lo em situações semelhantes, não apenas pela cópia, mas com efetiva autonomia. Isso explica porquê Winch defende que "todo comportamento que seja significativo (portanto todo comportamento especificamente humano) é *ipso facto* governando por regras".[221]

Winch enfatiza o exemplo do aluno que ao compreender o que ocorre em uma progressão geométrica, desenvolve a habilidade de prosseguir sozinho na construção da sequência proposta, com "números que não lhe foram apresentados".[222] Proponho ler do mesmo modo o exemplo fornecido por Hart do pai que ensina a criança a tirar o chapéu a entrar na igreja, pedindo que faça como ele.[223] Não é possível compreender a regra apenas pela observação do comportamento externo. Afinal, a criança poderia ter dúvidas se seguir o exemplo de seu pai envolve tirar o chapéu com a mesma mão, enquanto pisa no mesmo lugar, fazendo o mesmo movimento com a cabeça, ou até mesmo o que fazer com o chapéu após retirá-lo.

Sob a concepção de *prática como racionalidade*, se a criança possui tais dúvidas é porque ela não *compreendeu* a regra. É por isso que sob essa noção de prática social não é possível compreender a regra sem saber como aplicá-la concretamente: saber o que a regra pede implica saber agir segundo a regra. Compreender uma regra significa ser capaz de "fazer a mesma coisa no mesmo tipo de ocasião".[224] Porém, *fazer o mesmo* que o pai não é um exercício trivial, pois identificar *o mesmo* é a própria

e Oakeshott. Para aprofundamento em Oakeshott, vide: POSTEMA, Gerald J. *Legal Philosophy in the Twentieth Century: The Common Law World.* United States of America: Springer, 2012.

[221] WINCH, Peter. *The Idea of Social Science and its Relation to Philosophy*.London: Routledge, 2008, p. 48.

[222] *Ibid*, pp. 54-55. Nesse trecho, Winch desenvolve uma resposta à concepção de regra defendida por Michael Joseph Oakeshott. Há um paralelismo muito relevante entre a teoria de Raz e Oakeshott. Para aprofundamento em Oakeshott, vide: POSTEMA, Gerald J. *Legal Philosophy in the Twentieth Century: The Common Law World.* United States Of America: Springer, 2012.

[223] É conhecimento corrente que Hart se fundamentou nas ideias de Winch ao escrever "*O Conceito de Direito*". *Cf.* notas de rodapé do *Capítulo IV, página 55*, sobre a distinção entre hábitos e regras por meio de um ponto de vista interno, bem como do *Capítulo VII, página 125*, a respeito de como ensinar e seguir regras (no qual está o exemplo do filho entrando na igreja). HART, H. L. A. *The Concept of Law*, 2nd Edition, 1994.

[224] *Op. Cit.* WINCH, Peter, p. 57.

compreensão da regra (o critério da ação correta).[225] Na linguagem wittgenstaniana, compreender a regra fixada pelo enunciado requer uma compreensão do "jogo de linguagem" no qual esse enunciado está sendo utilizado.[226] Não é possível compreender ou explicar uma ação significativa sem ter uma noção da finalidade e sentido que a governa em dado contexto e modo de vida.[227]

Esta é a primeira ruptura entre as duas concepções de prática social. Sob a noção de *prática como fato*, o conteúdo da regra dada pelo pai é "tirar o chapéu ao entrar na Igreja" e as dúvidas da criança são problemas de aplicação. Sob a concepção de *prática como racionalidade*, o enunciado oferecido pelo pai é "tirar o chapéu ao entrar na Igreja", mas as dúvidas da criança indicam que ela não compreendeu a regra oferecida pelo pai. Daí a divergência sobre a capacidade de apreender o conteúdo de uma regra pela simples observação externa. Para a prática como fato, a compreensão *apenas* pela observação é plausível, enquanto para a prática como racionalidade, é impossível.

Não é possível reduzir esse debate a diferentes concepções sobre o que é uma regra, pois essa divergência decorre justamente de duas formas diferentes de conceber a ação humana. Isso fica mais claro quando compreendemos o que a concepção de prática como racionalidade exige para a compreensão do conteúdo de uma regra. Dada a insuficiência da observação externa, a compreensão adequada exige a intencionalidade correta. A intencionalidade correta, por sua vez, depende de uma apreensão adequada do sentido daquela prática para agir de acordo com ela. Essa ideia está presente em Dworkin, ao afirmar que "todo agente na prática compreende que aquilo que é permitido ou exigido por ela [a prática] depende da verdade de certos enunciado cuja inteligibilidade é dada apenas pela e dentro da prática [...]."[228] Essa necessidade de compreender o sentido de uma prática social para seguir uma regra é exemplificada por Charles Taylor no caso de um diálogo. Para que uma

[225] *Ibid.* p. 60.

[226] Kenny, Anthony. *Wittgenstein.* Cambridge: Harvard University Press, 1973 (2nd ed., 2006), p. 129.

[227] *Cf.* Taylor, Charles. *Human Agency & Language.* Cambridge: Cambridge University Press, 1985, p. 54; Baker, G. P.; Hacker, P. M. S. *Language, Sense & Nonsense. Apud* Patterson, Dennis. *Law & Truth.* Oxford: Oxford University Press, 1996, p. 96; *NR*, p. 122.

[228] Dworkin, Ronald. *Law's Empire.* Cambridge: Harvard University Press, 1986, p. 13.

conversa se mantenha e se desenvolva é crucial que as pessoas envolvidas façam mais do que falar e ouvir, mas compreendam o papel do silêncio, das gesticulações, dos acenos com cabeça, pequenas interjeições, da distância mantida entre elas e outros diversos fatores intelectuais e corporais. Como seguir a regra "deixe o outro terminar a frase antes de falar" sem compreender como esses elementos se articulam? Alguém que fala de maneira compulsiva ou de maneira tediosa, por vezes é incapaz justamente de articular as ações e regras do diálogo por não entender o valor que dirige aquela ação. Em tais casos, não se trata apenas de não seguir a regra adequadamente, mas de não segui-la por completo.[229]

O exemplo do diálogo é frutífero porque indica como a compreensão da regra não pode estar vinculada exclusivamente à ação tomada pelo agente, mas requer a inclusão de sua intencionalidade. Por exemplo, há falantes compulsivos que não compreendem a regra de alteridade do diálogo, mas há outros que simplesmente a ignoram ou não conseguem cumprir com ela. A diferença entre eles é que quem compreende essa regra consegue identificar que sua ação deu-se em desacordo com ela. Esse falante que conhece a regra compreenderá muito bem a natureza da crítica que for feita a seu comportamento, enquanto aquele que não compreende o sentido das regras não compreenderá o sentido da crítica e poderá, de boa-fé, insistir que não fez nada de errado. Mesmo entre aqueles que compreenderam a regra, há diferentes situações de raciocínio prático que não podem ser adequadamente compreendidas sem que se leve em conta a intencionalidade do agente. A situação daquele que infringe a regra porque estava em um determinado contexto emocional[230], é distinta daquele que compreende a norma e a rejeita porque considera seu conteúdo inadequado; ou ainda daquele que compreende a crítica, mas a contesta porque defende que a regra comporta falas compulsivas.[231]

[229] *Cf.* Taylor, Charles. *Philosophical Arguments.* Cambridge: Harvard University Press, 1995. (2 ed., 1997), pp. 170-172.

[230] É uma situação clara de *akrasia,* na qual há uma falha na força de vontade do agente para agir corretamente. O exemplo usual é do fumante que condena sua própria ação, mas não consegue parar de fumar. *Cf.* Berti, Enrico. *As razões de Aristóteles.* São Paulo: Loyola, 2002 (2. ed.).

[231] A meu ver, foi Ronald Dworkin quem melhor elucidou a diferença entre esses dois modos de reagir à crítica da violação da regra, indicando como a compreensão do conteúdo da

Sendo assim, sob a concepção de prática como fato, o falante compulsivo esperou por sua vez de falar, mas não havia nenhuma regra sobre qual seria o tempo adequado de fala. Já sob o aspecto da noção de prática como racionalidade, procurar por uma diretriz explícita sobre o tempo de fala é uma busca equivocada; em tais casos, é o sentido da ação que orienta o agente, que passa, de alguma forma, sob uma compreensão do agente a respeito daquilo que está sendo feito. Mesmo que exista uma série de divergências entre os autores que aderem à concepção de prática como racionalidade[232], todos endossam uma concepção pela qual a compreensão de uma regra (em sentido amplo) passa por um exercício de compreensão do significado da ação dos agentes engajados naquela prática social.

Esta é uma segunda ruptura entre as duas concepções. Nos termos de Searle, o significado da ação é intersubjetivo, ou seja, o significado não é dado pelo que "eu faço junto com os demais", mas pelo que "nós estamos fazendo". [233] Essa concepção geral, presente em McCabe, de que atividades humanas significativas somente podem ser compreendidas "com referência à intenção com as quais as ações são realizadas"[234],

norma passa por um exercício interpretativo que confronta o enunciado com o sentido daquela prática. No primeiro caso, o agente pode simplesmente se recusar a cumprir com uma regra (rejeita cumprir a regra porque discorda de seu conteúdo), mas pode realizar algo mais complexo, ao avaliar de maneira argumentativa sobre a compatibilidade de uma dada regra em relação à prática social como um todo (rejeita cumprir a regra porque crê que destoa de maneira irreparável com a racionalidade daquela prática). No segundo caso, o agente faz uma reivindicação argumentativa sobre o real significado da regra, a partir de uma interpretação sobre o significado mais adequado (*fits better*) ao sentido daquela prática (*point*). *Cf.* Dworkin, Ronald. *Law's Empire*. Cambridge: Harvard University Press, 1986 (em especial, capítulos 1 a 3).

[232] *Cf.* Macedo Júnior, Ronaldo Porto. *Do Xadrez à Cortesia: Dworkin e a teoria do direito contemporâneo*. São Paulo: Saraiva, 2013; Tully, James. "Wittgenstein and Political Philosophy: Understanding Practices of Critical Reflection". *In: Political Theory*, Vol. 17, No. 2 (May, 1989), pp. 172-204; e Patterson, Dennis. "Wittgenstein on Understanding and Interpretation (Comments on the work of Thomas Morawetz)". *In: Philosophical Investigation*. Vol. 29, No. 2, April 2006.

[233] *Cf.* Searle, John R. *The construction of social reality*. New York: The Free Press, 1995; e Searle, John R.*Mente, Linguagem e Sociedade*. Tradução de F. Rangel. Rio de Janeiro: Ed. Rocco, 2000.

[234] McCabe, Herbet. *On Aquinas*.London: Burns & Oates, 2008, p. 47. McCabe usa a noção de que a compreensão de uma atividade humana perquirir a qual estória (*story*) aquela ação pertence.

foi incorporada à teoria do direito por autores como Gerald J. Postema, para quem "os participantes [de práticas sociais] agem a partir de uma compreensão de suas ações (e de sua interação com outros) como adequada à prática e, de algum modo, essa compreensão é constitutiva da própria prática".[235] Já sob a concepção de *prática como fato*, agir dentro de uma prática social não requer nenhuma intencionalidade específica; trata-se de uma ação coletiva que decorre da somatória das ações e intencionalidades individuais.

O terceiro e último fator de ruptura entre as duas concepções de prática social está no modo como se concebe o efeito das regras sobre a ação humana. Sob a concepção de prática como fato, regras são *limites* para a ação: "razões para agir impõem limites práticos, são exigências para agir de certo modo e não de outro. Permissões indicam a ausência de tais limites".[236] Na concepção de prática como racionalidade, algumas regras são *habilitadoras* da ação. Por exemplo, as regras de diálogo não somente impõem limites a como os interlocutores devem agir, mas permitem que eles se engajem ao máximo e da melhor forma possível naquela prática. Tais regras permitem que a prática exista e se perpetue.

Essa ideia de regras como preceitos (e não somente como comandos) é retomada no debate contemporâneo por Grisez, ao propor uma releitura do primeiro princípio da razão prática oferecido por Tomás de Aquino. Ao investigar o significado da regra "o bem há de ser feito e buscado, e o mal há de ser evitado", Grisez esclarece a ambiguidade vocabular para argumentar porquê "bem" não se confunde com "bom", mas que deve ser pensado como equivalente de "fim"/ "finalidade".[237] Nesse sentido, a ação humana não deve visar um fim sob pena de infringir a lei natural, mas porque se trata de um requisito da ação humana. O princípio primeiro não é um comando, mas um preceito; um preceito que torna a ação inteligível.[238] Lopes, utiliza a mesma ideia:

[235] Postema, Gerald J. "'Protestant' Interpretation and Social Practices". *In: Law and Philosophy*, Vol. 6, No. 3, 1987, p. 286.

[236] *PRN*, p. 89.

[237] Grisez, Germain. "O Primeiro Princípio Da Razão Prática (1965)". Lopes, José Reinaldo de Lima (trad.). *In: Revista Direito GV*. Nº 6, v.3, n. 2, pp. 179-218, jul-dez 2007, p. 194.

[238] *Ibid*, p. 180-185.

> Normas ou regras são formas de ingresso em práticas sociais, isto é, atividades humanas em que se compartilham sentidos de ação. Uma dessas práticas mais evidentes é a própria atividade de falar uma língua. As normas gramaticais são ou não são normas? Caso sejam, por que o são? Alguém as impõe aos falantes? Como? Por que, depois que saímos da escola e não tememos mais a vara de marmelo da professora, continuamos a seguir a regra da língua? Será que tememos a vara de marmelo da Academia Brasileira de Letras? Será que seguimos as regras da lógica formal por simples temor? [...] A prática social, como o jogo de xadrez ou qualquer outro jogo, consiste em formas regradas de ação, embora não formas regradas à maneira do comando ou da ordem. [...] práticas e jogos [...] não precisam de um soberano, um pai, um comandante a nos dizer o que fazer, um mestre e senhor com uma palmatória a nos dizer o que fazer. [...] Quem deseja cumprir o direito é o homem honesto que deseja entrar em um jogo. Quer saber as regras do jogo para jogá-lo, não para burlá-las.[239]

É por essa razão que, na concepção da *prática como racionalidade*, a compreensão da regra articula-se pelo sentido da prática social e fornece uma autonomia cada vez maior. Mas porque este é um debate ontológico? John Searle foi o filósofo que, a meu ver, abordou de maneira mais clara o papel que regras habilitadoras exercem na nossa realidade. Ele as chama de *regras constitutivas* porque sua existência não gera apenas autonomia aos indivíduos, mas permitem que certas ações e formas de agir no mundo *passem a existir*.[240]

[239] *Cf.* LOPES, José Reinaldo de Lima. "Entre a teoria da norma e a teoria da ação". In: STORCK, Alfredo C.; LISBOA, Wladimir B.(Orgs.). *Norma, Moralidade e interpretação: temas de filosofia política e do direito*. Porto Alegre: Ed. Linus, 2009, pp. 61-63.

[240] A empreitada teórica de Searle é dedicada a explicar que o dinheiro, o amor e o direito *existem* porque agimos *como se* eles existissem: eles são frutos de uma atividade intersubjetiva de imputação de uma "função de *status*". Não tenho intenção de aprofundar a concepção de Searle, mas de indicar um modelo de concepção de prática social completamente distinta, herdeira das propostas de Elizabeth Anscombe (ANSCOMBE, G. E. M. "Modern Moral Philosophy". In: *Philosophy*, Vol. 33, No. 124 (Jan., 1958), pp. 1-19. Cambridge University Press), que culmina em uma defesa da possibilidade de se derivar um *dever* de um *ser*; uma proposta que, a meu ver, esclarece tanto a empreitada convencionalista (de Herbert Hart a Jules Coleman) como a interpretivista (de Ronald Dworkin a Stephen Guest). A obra que condensa a teoria de Searle, desde *Speech Acts* (*Speech Acts*. Cambridge: Cambirdge University Press, 1962), passando pelo artigo *How to derive an 'ought' from 'is'* (em: *The*

É a ideia de *regras constitutivas* que une os jogos de xadrez, a cortesia e o direito, em uma ontologia distintiva: como parte de uma "realidade institucional" (que chamei até agora e continuarei a chamar de prática social). Na visão de Searle, a realidade institucional é aquela cuja existência depende da intelecção humana (diferentemente de fatos brutos) e é composta de (i) intencionalidade intersubjetiva, (ii) atribuição de funções e (iii) regras constitutivas.[241] Não tenho a intenção de reconstituir toda a teoria de Searle, mas apenas de indicar que tudo aquilo cuja existência não é definível em termos de fatos brutos, como o dinheiro, o direito e, mais basicamente, a linguagem, são compostas também por regras constitutivas.[242]

Raz nega que exista uma distinção entre regras constitutivas e regras regulativas – em especial na forma proposta por Searle em *Speech Acts* – útil para compreender a natureza das regras, dos jogos e do direito. Em primeiro lugar, ele indica que toda regra pode ser reformulada para ser compreendida ora como constitutiva, ora como regulativa. Creio que essa leitura está claramente equivocada. A meu ver, na proposta de Searle, enquanto regras regulativas existem para estabelecer parâmetros para orientar condutas em práticas sociais pré-existentes, as regras constitutivas são aquelas sem as quais determinada prática sequer existe. Regras pensadas para resolver problemas de coordenação servem como um bom exemplo[243]. Podemos imaginar uma determinada sociedade onde as pessoas andem de carro sem que haja qualquer lei de trânsito. Nesse caso, leis de trânsito seriam bem-vindas para que o trânsito pudesse ser mais seguro e eficiente. Já com o xadrez, a questão

Philosophical Review, vol. 73, nº 1 (Jan., 1964), 43-58. Duke University Press) até o livro *Making of the Social World: the structure of human civilization.* (Oxford: Oxford University Press, 2011) está disponível de maneira sintetizada e bem traduzida em *Mente, Linguagem e Sociedade* (Rio de Janeio: Rocco, 2000).

[241] *Cf.* SEARLE, John R. *The construction of social reality*. New York: The Free Press, 1995, p. 94; e; SEARLE, John R.*Mente, Linguagem e Sociedade.* F. Rangel (trd.). Rio de Janeiro: Ed. Rocco, 2000.

[242] Reconheço que a teoria de Searle é utilizada para dar suporte às teorias convencionalistas, mas acredito que eles o fazem de maneira inadequada e que Raz está correto em resistir ao potencial desse pacote de ideias, sob o risco de fazer ruir toda sua teoria. Entretanto, este é um debate que foge completamente ao escopo deste livro.

[243] Creio que é um equívoco supor que todas as regras regulativas servem para a finalidade exclusiva de lidar com problemas de coordenação.

é completamente diferente: "as pessoas não estavam simplesmente empurrando pedaços de madeira em cima de um tabuleiro até que alguém finalmente disse: 'para evitar que fiquemos esbarrando um no outro, precisamos de algumas regras.'"[244]. A distinção, contudo, não serve para tratar de regras que apenas constituem ou apenas regulam. Como o próprio Searle admite, em certo sentido, toda regra constitutiva é regulativa e toda regra regulativa pode ser constitutiva no sentido de se enquadrar uma conduta nos termos da regra. Uma lei de trânsito *constitui* uma situação de infração que não existia antes, mas esse é um sentido muito banal da força constitutiva de regras e da linguagem.[245]

A ideia não é simples, especialmente porque não há na realidade uma divisão estrita entre fatos brutos e fatos sociais.[246] Isso depende sempre do aspecto do fato que se examina. Uma faca possui propriedades físicas (de fatos brutos) que a torna cortante, mas é apenas na realidade institucional que ela recebe o nome de "faca" e é usada para cortar outros objetos. O ponto a se ter em mente é que, para Searle, há algumas regras que fazem muito mais do que criar um vocabulário – como transformar o ato de dar dinheiro ao governo em "pagar um tributo" – criando uma prática social e permitindo, inclusive, que se pense e se fale sobre ela. Porém, nem toda prática humana ou social possui regras constitutivas. Práticas cujas finalidades estão ligadas a fatos brutos, como, por exemplo, a pesca, é composta apenas por regras regulativas que não passam de técnicas para se atingir o fim do peixe morder a isca.[247] Há práticas, contudo, cuja finalidade não é natural e, segundo Searle, são as regras constitutivas que irão dar a sua finalidade[248] – e, em última instância, sua inteligibilidade:

> "Às vezes, para que seja possível explicar um determinado comportamento humano, nós temos que supor que ele foi realizado de acordo com uma regra, ainda que o agente não tenha sido capaz de enunciar

[244] *Op. Cit. Mente, Linguagem e Sociedade*. p. 115.

[245] *Op. Cit. Speech Acts*. pp. 35-36.

[246] Esse é parte do principal argumento de Elizabeth Anscombe em *Modern Moral Philosophy*. *Cf.* Anscombe, G. E. M. "Modern Moral Philosophy". *In:Philosophy*. Vol. 33, No. 124, Cambridge: Cambridge University Press, 1958.

[247] *Op. Cit. Speech Acts*, pp. 37-39.

[248] *Ibid*, p. 41.

> a regra, ou sequer esteja consciente do fato de que ele está agindo de acordo com uma regra. O fato do agente saber fazer algo somente pode ser adequadamente explicável sob a hipótese de que ele sabe (adquiriu, internalizou, aprendeu) uma regra tal e qual (*such and such*), ainda que, em um sentido relevante, ele possa não saber que ele conhece a regra ou que ele age dessa maneira em parte por causa da regra. Duas das características do comportamento orientado por regras, em oposição a um comportamento de simples regularidade, consiste em geralmente reconhecermos descumprimentos do padrão como algo errado ou equivocado, bem como que uma regra, diferentemente da regularidade pretérita, cobre automaticamente novos casos. Ao ser confrontado com um caso que ele nunca viu antes, o agente sabe o que fazer."[249]

Ao atrelar a ideia de finalidade a uma regra constitutiva, Searle atrela o *saber fazer* ao *seguir uma regra* e, mais ainda, indica como a compreensão do sentido de uma prática é necessária para agir corretamente nessa realidade institucional criada pelo modo de vida humano. É por esse motivo que a prática social tem normatividade: o *sentido* da prática social dá razões para agir àqueles que estão inseridos na prática. Rejeitar a normatividade da prática implica estar fora dela. Essa é a premissa que une diversos filósofos e teóricos do direito sob a concepção de *prática como racionalidade.*

2.1.2. *Prática como fato*

Segundo a concepção de *prática como fato* defendida por Raz, a existência de uma prática nunca constitui, por si só, razões para agir. Mais especificamente, práticas sociais são compreendidas como fatos praticados coletivamente sem nenhuma intencionalidade específica; são fatos cuja existência é constatável pela simples observação. É por esse motivo que analisar regras como sendo práticas seria inútil para explicar a sua eventual normatividade.[250] Para Raz, identificar a existência de razões para agir (a constatação de obrigatoriedade) é uma tarefa necessariamente avaliativa[251] e, portanto, seria preciso encontrar outros meios de explicar como a existência de diretrizes jurídicas poderia ser capaz de constituir

[249] *Ibid*, p. 42.
[250] *PRN*, p. 52.
[251] *BAI – Reasoning with rules*, p. 217.

razões para a ação.[252] "[...] a maior dificuldade na explicação de regras é compreender as suas relações com razões para agir."[253]

Segundo Raz, a proposta mais intuitiva a respeito da normatividade das regras foi fornecida pela Teoria do Comando (*Imperative Theory*), que atrela a obrigatoriedade das regras à sua fonte de origem, seja na figura de um Soberano (como em John Austin), seja por meio de uma Norma Fundamental (como em Hans Kelsen). Ele classifica a Teoria do Comando como um modelo cuja defesa é fútil, dada sua incapacidade de explicar a natureza de normas costumeiras e ao que ele se refere como "outros argumentos amplamente explorados" na literatura então recente.[254] Uma vez que Raz considera a Teoria do Comando uma rival já derrotada, ele centra seus esforços sobre a corrente teórica que ocupou seu lugar: a Teoria da Prática[255] (*The Practice Theory*). Raz refuta toda essa corrente teórica partindo do modelo hartiano, que seria seu exemplar "mais completo e bem-sucedido".[256]

Para caracterizar a Teoria da Prática, em primeiro lugar, Raz indica que o modelo hartiano explicativo de regras é abrangente: que não se aplica somente a regras sociais e regras jurídicas, mas que poderia ser modificado para incluir também a compreensão de regras pessoais. Mas o que seriam regras pessoais? Raz afirma que "regras pessoais são práticas pessoais" (*personal practices*), ou seja, "são as práticas daqueles que possuem a regra".[257] Mais especificamente, "uma regra pessoal é aquela referida nas situações em que dizemos que John, Ralph ou Judy agem de acordo com uma regra, ou com o princípio pelo qual ..., que ele ou

[252] Raz pretende fornecer uma explicação sobre regras, princípios e outras diretrizes que estabelecem o que as pessoas *devem* fazer. Para tanto ele considera irrelevante a diferença entre princípios e regras; em especial porque sua análise não inclui a noção de princípio enquanto valor. Valores seriam necessariamente razões para a ação, mas princípios jurídicos não. *Cf. PRN*, p. 49.

[253] *PRN*, p. 9.

[254] É curioso que essa crítica viria a ser dirigida ao próprio Raz. *Cf.* Postema, Gerald J. *Legal Philosophy in the Twentieth Century: The Common Law World.* United States of America: Springer, 2011.

[255] O próprio Hart veio a reconhecer essa alcunha no Posfácio de O Conceito de Direito. *Cf.* Hart, H. L. A. *The Concept f Law.* 2nd Edition. Oxford: Oxford University Press, 1961 (1st ed.), 1994, (2nd ed.).

[256] *PRN*, p. 51.

[257] *Ibid*, p. 52.

ela aceita ou segue uma regra, ou possui uma regra, etc." (reticências no original)[258]. Para exemplificar sua noção de prática, Raz trata da pessoa que se compromete a fumar apenas dois cigarros por dia ou correr diariamente[259]. Contudo, ao adotar essa definição ampla, Raz coloca em uma mesma situação tanto os compromissos pessoais com exercício físico ("possui uma regra"), com aquela em que uma pessoa age de acordo com a regra de sempre permitir que mulheres tomem passagem à sua frente ("aceita ou segue uma regra"). Seria possível explorar essa noção de regra pessoal por diversas frentes, mas o relevante para esta pesquisa é indicar que Raz diferencia "prática pessoal" de "prática social" por uma questão essencialmente quantitativa: o que uma pessoa faz seria uma prática pessoal e o que diversas pessoas fazem seria uma prática social.

Assim, Raz crê que Hart utiliza o termo "prática" como sinônimo de "algo que é praticado", ou seja, como uma ação empiricamente observável. A seu ver, Hart recorre a esse fato empírico devido à influência inadequada de duas tendências filosóficas de seu tempo: (i) o método de análise conceitual na primeira metade do século XX[260] e (ii) o naturalismo.[261] Hart teria recorrido à filosofia da linguagem e à teoria dos atos de fala com o objetivo de obter esclarecimento a respeito da ontologia do direito e de figuras jurídicas somente em razão de "sua adesão ao naturalismo[262] e à epistemologia empiricista, bem como por sua rejeição da objetividade das avaliações".[263] Sob essa ótica, "prática social" não tem como ser nada mais do que um dado empírico (um evento).

[258] Ibid, p. 52.

[259] *BAI – Reasoning with rules*, p. 206.

[260] *BAI-CTBTL* p. 19.

[261] *BAI-TVTL*, p. 50-52.

[262] Segunda Raz, a ontologia naturalista – aquela segundo a qual todas as coisas que existem ocupam um lugar no espaço (*res extensa*) – teria sido herdada pela da solução lógica e naturalista de Russel que foi incorporada pela filosofia da linguagem. Sobre o naturalismo afirma que "[...] a tese das fontes não pressupõe uma posição ética não-naturalista. Mesmo se certos fatos sociais geram consequências morais, eles ainda assim podem ser fontes do direito. Trata-se de uma fonte do direito em vista do fato social que é, e não como a fonte de obrigações e direitos morais. É uma fonte do direito sob sua descrição naturalista, ao invés de sob sua descrição moral." (EPD-ALM, p. 235) Essa mesma questão aparece em TAL, na qual ele indica que a Fonte das Teses Sociais "não se compromete com qualquer lado na disputa naturalista / anti-naturalista." (TAL, p. 40).

[263] *BAI-TVTL*, p. 52.

Com isso, Raz entende que o papel do "ponto de vista interno"[264] na teoria hartiana é uma tentativa de conciliar as teorias linguísticas de J. L. Austin e Wittgenstein com o emotivismo de Stevenson e o prescretivismo de Hare[265]. Isso porque Hart acreditaria na objetividade da existência e do conteúdo do direito *em virtude do reconhecimento do direito enquanto prática social*, ao mesmo tempo em que endossaria a subjetividade (não-objetividade) da moral e juízos valorativos, o que conduziu à ideia de que a valoração em juízos jurídicos consiste em uma "expressão de apoio (ao invés de uma confirmação do valor do) direito".[266] Em síntese, para Raz a aproximação da teoria do direito com a filosofia da linguagem promovida por Hart só faz sentido se não for aceita a objetividade dos juízos morais. Uma vez reconhecida tal objetividade, tornar-se-ia evidente que os instrumentos da filosofia da linguagem, como a teoria dos atos de fala, semelhanças de família e jogos de linguagem são instrumentos voltados à correção de equívocos semânticos.[267] Evidência disso resultaria, a seu juízo, no quão pouco a teoria hartiana conseguiu avançar na compreensão da natureza de direitos e deveres, responsabilidade jurídica, personalidade jurídica, etc.[268]

Isso explica porque, na visão de Raz, Hart possuía uma concepção epistemológica empiricista, supondo que "prática social" seria um fato epistemologicamente e ontologicamente objetivo[269] – e passa a adotar o

[264] *BAI-TVTL*, p. 51: "enunciar como as coisas são segundo o direito e ao mesmo tempo apoiar, ou expressar um apoio, ao direito."

[265] *BAI-TVTL*, p. 51. E acrescenta posteriormente que "meu argumento não é o de que a análise de Hart a respeito de enunciados jurídicos é incompatível com a crença na objetividade do valor e da moralidade. Na verdade a plausibilidade da análise depende da rejeição da objetividade do valor e da moralidade. Uma vez que sua objetividade é admitida, não há razão para aceitar a análise de Hart ao invés da ideia de que enunciados jurídicos são como qualquer outro enunciado." P. 52, NR 14.

[266] *BAI-TVTL*, p. 52.

[267] "Meu argumento não é o de que a análise de Hart a respeito de enunciados jurídicos é incompatível com a crença na objetividade do valor e da moralidade. Na verdade a plausibilidade da análise depende da rejeição da objetividade do valor e da moralidade. Uma vez que sua objetividade é admitida, não há razão para aceitar a análise de Hart ao invés da ideia de que enunciados jurídicos são como qualquer outro enunciado." *BAI-TVTL*, p. 52, NR 14.

[268] *BAI-TVTL*, p. 52-53.

[269] Diferentemente de alguém que reconhece na prática um fato institucional, que seria epistemologicamente objetivo apesar de ontologicamente (inter)subjetivo. *Cf.* SEARLE, John R. *Mente, linguagem e sociedade: filosofia no mundo real.* Rio de Janeiro: Rocco, 2000.

termo com o mesmo significado. Assim, a teoria do direito desenvolvida por Hart utilizaria a noção de prática social para fixar condições de *existência* de regras jurídicas; todas externamente observáveis e incapazes de explicar a eventual normatividade das regras jurídicas.[270]

Assim, "uma prática por si só não constitui necessariamente uma razão para a ação" porque o fato de uma regra ser adotada pela ampla maioria dos membros de uma comunidade não fornece razões para que alguém adote essa regra como diretriz para orientar sua própria ação. Nesse sentido, a prática não dá fundamentos para que aquela diretriz seja efetivamente uma razão para a ação. Na verdade, Raz reconhece que há duas hipóteses em que a conduta convergente poderia fornecer razões para a ação: (i) se a regra for convencional, como dirigir de um lado da pista ou "seguir as regras comuns de etiqueta"; e (ii) se o agente tiver alguma razão prudencial para se conformar à prática, como manter o emprego ou uma relação amigável com os vizinhos.[271] Entretanto, mesmo nesses casos a mera conduta convergente não explica completamente a normatividade existente. [272] O mais importante, contudo, é

[270] Mais especificamente, Raz considera que Hart constrói sua teoria para fixar quatro condições necessárias para identificar a existência de uma regra em determinada sociedade (ou comunidade). Pela primeira, "a regra deve ser cumprida com regularidade por [grande parte dos] membros da sociedade a quem a regra se dirige". De acordo com a segunda condição, quando a regra não é cumprida, os demais membros da comunidade reagem de maneira crítica. Nos termos da terceira condição, "aqueles que criticam o descumprimento da regra" não são criticados por outros membros dessa sociedade. Em último lugar, os membros dessa sociedade se remetem ao conteúdo da regra e enfatizam que a conduta está prevista em uma regra "para justificar suas próprias ações e para justificar exigências ou críticas em relação a terceiros". Segundo Raz, a primeira condição "garante que a regra é amplamente seguida" e que com isso "é mais do que o simples desejo de algumas pessoas". A segunda e a terceira condição "visam garantir" que a conduta seguida é realmente uma regra e não somente um hábito coletivo. A quarta condição possui a mesma finalidade, garantindo também que se trate de uma única regra que é seguida em comum pelos membros dessa sociedade. *PRN*, p. 53-54.

[271] *Ibid*, p. 56.

[272] De todo modo, Raz entende que esse modelo falha ao explicar o caráter normativo das regras, mesmo aquelas puramente convencionais: "na melhor das hipóteses [a teoria da prática] poderia alegar ser um bom modelo explicativo das regras convencionais, quais sejam aquelas regras sociais que são mantidas porque as pessoas acreditam que todos possuem uma razão para agir como as outras pessoas. Mas fracassa em explicar mesmo essas regras.". *Cf.* PRN, p. 57.

que para Raz, casos como esses (de convenção e razões prudenciais) não seriam o caso central da referência a regras, de tal modo que são inadequados para fundamentar de forma generalizada a normatividade de regras.[273]

Com isso, Raz indica que ainda que se considere que a referência a uma regra tenha uma equivalência lógica ao enunciado de que algo *deve ser* realizado, essa referência não enuncia uma razão para a ação, mas apenas que *há uma razão* para agir. Nesse caso, a regra não se constitui na própria razão para a ação e, deste modo, não é ela que carrega a normatividade. "Dizer 'é uma regra que se deve, etc.' é semelhante a dizer que 'se deve, etc., e além do mais, apesar disso ser irrelevante do ponto de vista da razão prática, há uma prática de um certo tipo' ". Com isso, Raz finaliza sua crítica afirmando que a remissão a uma prática social não passa de um instrumento sofístico pelo qual o locutor indica que sua conduta é partilhada por outras pessoas; algo irrelevante em termos de razão prática.[274]

Sendo assim, a concepção de *prática como fato* adota uma concepção empiricista de prática social – como fato epistemologicamente e ontologicamente objetivo – que trata simplesmente de algo que é *praticado por diversas pessoas*. Desse modo, a prática social não passaria de um *ser* do qual nenhum *dever ser* pode ser derivado[275] e, portanto, seria inútil tentar explicar o que uma regra obrigatória (norma) é ao explicar no que consiste segui-la.[276] É por esse motivo que Raz formula uma teoria em que a normatividade das diretrizes jurídicas decorre de um dever moral em obedecê-las, mas que independe do seu conteúdo específico. Contudo, para que essa explicação seja viável, Raz precisa indicar como a ação humana pode ser guiada sem a busca de um bem ou valor; oferecendo uma alternativa à teoria da ação encampada pela concepção de *prática como racionalidade*.

[273] *Ibid*, p. 57.

[274] No original, Raz faz referência a "retórico" ao invés de "sofístico". *Ibid*, p. 58.

[275] Essa centralidade da Lei de Hume para a formulação de sua teoria do direito é uma herança visível da teoria pura de Kelsen. *Cf.* NINO, Carlos Santiago. *La Validez del Derecho*. Buenos Aires: Editorial Astrea de Alfredo y Ricardo Depalma, pp. 125-143.

[276] No original: "The practice theory of norms is mistaken in thinking that by explaining what it is for a norm to be practised it explains what a norm is". *PRN*, p. 81.

2.2. Teoria raziana da ação

A teoria da razão prática desenvolvida por Raz possui duas peculiaridades. Em primeiro lugar, propõe que a ação humana nem sempre é orientada pela concretização de algum valor ou bem humano. Em segundo lugar, que os critérios para agir corretamente não estão restritos à noção de regras. Essas duas impostações se completam, de forma que, para Raz, agir segundo uma regra consiste em não agir visando diretamente um valor – exceto quando o agente participa de um jogo lúdico.

Segundo o filósofo, é importante distinguir a conduta realizada de acordo com uma regra, daquela realizada de acordo com outro tipo de razão para agir. "Esta distinção se reflete no modo como interpretamos nossas práticas. Nós não consideramos que toda prática de agir segundo uma razão geral consiste em agir segundo uma regra."[277] Para isso, ele fornece o exemplo de pessoas que agem visando diretamente a obtenção de um valor.

Um homem que acredita que deve ler todos os romances escritos por determinado autor, age na busca de sua satisfação e não de acordo com uma regra. Apesar desse homem criticar a si mesmo toda vez que demora mais de um ano para ler um romance após sua publicação, "ele não considera que ele próprio possui uma regra" de que deveria ler todos esses romances. Essa conduta é diferente de outras condutas motivadas por regras, como escovar os dentes todas as noites ou de não comer carne. Nesses casos, a conduta é guiada por regras porque ele acredita que "essas são boas regras de se ter (*these are good rules to have*)".[278] Onde estaria a diferença nesse exemplo? A distinção que ele realiza não diz respeito ao conteúdo das regras, seja sua importância ou qualquer outro fator: a escovação dos dentes possui o mesmo status de regra do que o vegetarianismo ou, podemos imaginar, manter suas promessas. A distinção repousa no fato dessa pessoa ler os livros porque é algo prazeroso, enquanto as regras trazem benefícios apenas indiretos ou mediatos. No caso, Raz indica que certas razões existem simplesmente pelo prazer do agente ou algum estado emocional do agente que não se reporta a regras.[279]

277 *PRN*, p. 55.

278 *Ibid*, p. 55-56.

279 Mesmo que se adote essa concepção de uma razão para agir ligada ao fato de uma pessoa simplesmente ter gosto por aquela ação, o que justifica a crítica que ela realiza a si mesma?

Já no caso de uma comunidade em que há uma crença generalizada de que bebês devem ser amamentados, para Raz a conduta também não é regida por uma regra. Nessa comunidade, os pais são criticados quando a amamentação não ocorre, mas "as pessoas dessa comunidade não as consideram [essas diretrizes] como regras. Eles apenas consideram que são boas ações (*The merely think that they are good things to do*)." Os membros da comunidade consideram que existe uma regra que exige que as pessoas compareçam à Igreja aos domingos; diferentemente de como consideram a questão da amamentação. Com isso, se a crítica comunitária serve para distinguir o que é considerado um simples hábito daquilo que se considera que se deve fazer, não é suficiente para diferenciar entre os tipos de razão para a ação envolvidos.[280]

Em último lugar, Raz argumenta como a conduta dos agentes não seria guiada exclusivamente por regras em uma situação de jogo. Para isso, ele transcreve as reflexões de Warnock sobre certas condutas que não estão previstas em regras do cricket. Adaptando o exemplo para uma situação mais brasileira, o argumento de Warnock e de Raz seria o de que não há nenhuma regra que ordene se um time de futebol deve jogar uma parte de forma mais defensiva ou ofensiva com base nas características do adversário e do campeonato. Imagine um time que será eliminado da competição se não vencer o adversário, mas que mesmo assim adota uma tática completamente defensiva, sem realizar tentativas de gol. Em tais casos " 'Isso seria quase sempre considerado um equívoco, mas isso ocorre porque, independentemente de quaisquer regras, é algo que quase sempre tem boas razões para não se fazer' ".[281] Opções táticas são fixadas de acordo com o valor do jogo e não de acordo com suas regras.

A leitura isolada desses três exemplos poderia transmitir a falsa impressão de que Raz critica Hart por não ter dado atenção suficiente ao papel do valor na orientação da conduta humana. Porém, boa parte do esforço teórico de Raz é centrado na mitigação do papel do valor na orientação da ação humana: "[pretendo rejeitar] duas tendências por vezes encontradas em debates a respeito de normatividade. Uma con-

Ela tem como ser o mesmo tipo de crítica daquela existente para quem quebra uma regra? Essas são as questões postas por Raz.

280 *PRN*, p. 56.

281 Warnock. *The Object of Morality*, pp.45-46 *Apud PRN*, p. 56.

siste em identificá-la com uma orientação em relação a um valor, a outra consiste em identificá-la com exigências racionais". [282] Na verdade, toda a obra de Raz visa refutar a noção de que razões para ação estão fundadas na promoção do valor; algo que se tornou mais explícito a partir dos seus escritos posteriores ao ano 2000:[283] seu principal argumento é que há diversas razões para a ação que independem de valores.[284] Assim, Raz adota uma concepção de ação humana cujo sentido não é sempre derivado do valor, de tal modo que o valor, ou uma finalidade específica, não é capaz de orientar o que é o *correto* ou *equivocado*. Ele reconhece que, se assim não fosse, faria todo sentido que a razão prática fosse regida pela "tese da resposta correta" (*one right answer thesis*), pela qual "sempre que houver conflito entre razões, uma delas (ou um conjunto de razões harmônicas) prevalece sobre as demais", de tal modo que "toda escolha entre ações, uma [razão], e apenas uma, é fundamentada por uma razão vitoriosa, e assim aquela ação promove valor em um grau maior do que suas alternativas".[285] Com isso, fica evidente o quanto sua tese da discricionariedade judicial, por exemplo, flui de uma concepção sobre a ação humana que, por sua vez, foi formulada rejeitando-se a premissa de que a ação humana ganha significado dentro de uma prática social.

O ponto crucial para esta tese não consiste em explorar como Raz desenvolve uma teoria da ação humana que não é orientada pelo valor, mas explicar porquê agir de acordo com uma regra é um exemplo de ação que não é guiada por valor, com uma única exceção: a participação em jogos.

Raz caracteriza o raciocínio prático em jogos lúdicos e competitivos de uma forma muito semelhante ao modo como a concepção de *prática como racionalidade* concebe o raciocínio dentro de uma prática social. "[...] para explicar a natureza dos jogos, é preciso ir além das suas regras até chegar às razões que lhe servem de fundamento. Uma característica

[282] RAZ, Joseph. "Reasons, Reason and Normativity". *In: Oxford Studies In Metaethics*. Vol. 5, Russ Shafer-Landau, 2010, p. 16.

[283] Suas obras de referência sobre o tema são *Engaging Reason* (RAZ, Joseph. *Engaging Reason*. Oxford: Oxford University Press, 2000.) e *From Normativity to Responsibility* (RAZ, Joseph. *From Normativity to Responsibility*. New York: Oxford University Press, 2011.).

[284] *Cf.* RAZ, Joseph. *From Normativity to Responsibility*. New York: Oxford University Press, 2011, Capítulo 11.

[285] *Ibid.*, p. 212.

dos jogos é que para cada jogo há um único sentido (*point*) por trás de todas as suas regras" e, por esse motivo "jogos não podem ser definidos como conjuntos de regras ou normas."[286] Jogos são caracterizados pela composição de duas características. A primeira é que são sistemas normativos em que "conformidade com uma das regras [ou algumas poucas] é completamente inútil e sem sentido a não ser que se aja de acordo com todas [ou quase todas] as demais", ou seja, são constituídos por "regras de validade conjunta".[287] Em segundo lugar, "a característica mais importante é que as regras de um jogo são constitutivas da razão para sua própria validade, mais especificamente que as razões para seguir as regras não podem ser explicadas de forma independente das próprias regras".[288] O jogo é composto por diversos tipos de norma, mas Raz concorda que não é possível compreender um jogo competitivo sem a noção do que é ganhar ou perder. Não há nenhuma regra que ordene ganhar, pois ganhar é um valor: quem perde não viola nenhuma regra. E não é possível compreender um jogo sem compreender o seu valor: "cada jogo somente pode ser definido como um sistema normativo composto tanto por regras quanto por valores [...]. "As pessoas jogam o jogo para ganhar, e esse objetivo orienta seus lances durante o jogo".[289] Esse valor que orienta a ação é encontrado em um modelo hermenêutico que interpreta o valor a partir das regras e as regras a partir do valor[290].

> "[...] o jogo é definido com base em seus valores e regras, e não somente por suas regras. Por um lado, as regras contribuem para a identificação dos valores. Por outro lado, os valores estabelecem a validade das regras.

[286] *PRN*, p.113.
[287] *Ibid*, p. 114.
[288] *Ibid*, p. 114.
[289] *Ibid*, p. 117.
[290] Raz não utiliza essa terminologia do círculo hermenêutico, mas como é possível verificar dos excertos compilados e transcritos a seguir, sua proposta é muito semelhante ao modo como Dworkin viria a se apropriar da noção gadameriana de "imposição de sentido" em *Law's Empire* ou como Paul Ricoeur trata da tarefa da *compreensão* na compilação de artigos *From Text to Action. Cf.* DWORKIN, Ronald. *Law's Empire.* Cambridge: Harvard University Press, 1986, Capítulo 2; e, RICOEUR, Paul. *From Text to Action.* Illinois: Northwestern University Press, 2007.

> As regras são obrigatórias e devem ser seguidas porque isso é necessário ou útil para a concretização do valor".[291]

Assim, o valor do jogo é uma razão para a ação dos jogadores e para a observação de suas regras, mas também os orienta "para escolher entre diversas estratégias para jogar o jogo". [292]Além disso, a própria existência do jogo depende da atitude interna crítica correta (da intencionalidade correta) dos jogadores: "É importante compreender que os valores do jogo fornecem o teste para determinar se ele está sendo jogado. É apenas se o número correto de pessoas considera ganhar e evitar a derrota como valores, e orientam a sua conduta de acordo com tais valores, que o jogo está sendo jogado."[293] Sem o engajamento com os valores do jogo, ele deixa de ser jogado.[294]

"Como ocorre em todos os jogos, *os jogadores jogam apenas se eles adotam os valores do jogo*[...]" (destaquei).[295] O valor governa logicamente o jogo de tal maneira – é reconhecido como constitutivo do sentido para o jogo de tal forma – que "todas as suas regras dependem delas para sua validade. Isso é, na verdade, uma definição do que conta como uma regra do jogo. [...] Apenas aquelas [regras] cuja validade pode ser estabelecida pelos valores do jogo podem ser consideradas como regras do jogo." [296] A concepção que Raz possui sobre jogos não pode ser transplantada de maneira coerente para sua teoria do direito, sob o custo de desintegrá-la. No jogo lúdico, é o valor do jogo que dá normatividade às suas

[291] *PRN*, p. 121.

[292] *PRN*, p. 118.

[293] Idem.

[294] Curiosamente, Raz admite que o jogo ainda pode ocorrer mesmo que uma parcela dos jogadores não esteja realmente engajada com o valor do jogo, mas tenha apenas a aparência de se engajar em tal valor. Um pai pode apenas fingir que quer ganhar do seu filho, movendo peças como se quisesse ganhar. Nesse caso, Raz diz que "podemos considerar que para jogar um jogo é preciso no mínimo fingir que se está jogando com o objetivo de ganhar ao invés de necessariamente querer ganhar". *PRN*, p. 119. Honestamente eu não consigo compreender porquê Raz classifica isso como um jogo e não como um treinamento ou uma aula. Chamar isso de jogo se uma parcela relevante dos agentes possui uma intencionalidade que foge ao valor do jogo parece contraditório o restante do argumento raziano. Possivelmente, tudo o que Raz quis dizer é que, sendo jogo, aula ou treino, ainda estamos falando de xadrez e não do "jogo do cavalinho no tabuleiro" ou qualquer outro jogo.

[295] *Ibid*, p. 119.

[296] *Ibid*, p. 121.

regras. Mas por quê? Raz não aceita que o direito tenha uma ontologia semelhante à dos jogos?

2.2.1. *Direito e jogos: normatividade e valor*

Raz descreve a ação que ocorre dentro de um jogo do mesmo modo como a concepção de prática como racionalidade descreve a ação do agente dentro de uma prática social como o direito. Creio que o filósofo não oferece explicitamente bons critérios para distinguir as duas situações. Nesta seção, apresento as justificativas explícitas de Raz a esse respeito, para ao final indicar que essa distinção só se torna inteligível se for compreendida como uma decorrência das premissas ontológicas de Raz.

Por que o direito não seria como um jogo? A resposta fornecida explicitamente por Raz é insatisfatória: repousa no fato de jogos serem guiados por valores artificiais, enquanto algo como o direito diz respeito a valores humanos mais amplos. Dada a relevância do ponto, faço uma transcrição mais longa do trecho:

> "A singularidade dos jogos enquanto sistemas normativos depende da natureza especial de seus valores. Eles são valores artificiais porque eles não são conectados de forma inerente com preocupações humanas mais amplas (*wider human concerns*). Nós não podemos questionar de maneira abstrata se os valores dos jogos são justificados. Eles podem ser justificados ou obrigatórios para uma pessoa em determinado momento e não obrigatórios para outra pessoa, ou ainda para a mesma pessoa em um momento diferente. Nós podemos determinar se em determinado momento uma pessoa se orienta por eles ou se deveria fazê-lo [...], mas normalmente faz pouco sentido questionar se uma pessoa qualquer deveria ser orientada pelos valores do xadrez ou do futebol. [...] Uma vez que os valores de um jogo não estão inerentemente relacionados com valores humanos mais amplos, há pouco sentido em investigar sua justificação geral. Tais investigações fazem sentido apenas se tivermos mais informações a respeito da situação em questão e dos desejos e interesses das pessoas envolvidas. É por este motivo que jogos são apenas jogos" [297]

[297] *PRN*, p. 122.

Essa breve resposta não é clara o suficiente. Por que o fato de jogos estarem ligados a valores artificiais seria o critério adequado e suficiente para distingui-los de outros sistemas normativos ligados a valores humanos mais amplos ou profundos? O que justifica que "as regras de sistemas institucionalizados [como o direito] são identificadas por meio de sua relação com as instituições que caracterizam esse sistema", ao invés de por meio de valores (como ocorre com os jogos)?[298] Seria possível imaginar que a artificialidade do valor de um jogo eliminasse, ou ao menos mitigasse, a ambiguidade do valor principal envolvido na ação, oferecendo uma diretriz sólida, mas esse não pode ser o caso. Mesmo em jogos, há dúvidas se diversos lances estão de acordo ou não com os valores do jogo. Uma jogada mais violenta no futebol pode dar margem a dúvidas em relação a quanto aquela jogada se enquadra de modo válido na esportividade competitiva do jogo. O artificial e o fundamentalmente humano não parecem afetar a capacidade de orientação dos valores em termos de previsibilidade. É preciso buscar outra explicação.

Tanto em *Ethics in The Public Domain*[299] quanto no artigo *Reasoning with Rules*[300], Raz traz uma distinção, entre razões "condicionadas" e "incondicionadas" para a ação. Aquele que passa a participar de um jogo de xadrez possui razões *condicionadas* para agir conforme as regras do jogo, se orientado pelo valor pois "elas são razões para se comportar deste ou daquele modo, razões pelas quais você tem que se comportar deste e daquele modo, se você irá jogar xadrez e, portanto, você possui razão para jogar xadrez". [301] Essa seria uma situação distinta da pessoa que, ao prometer ir a Paris, possui a obrigação de cumprir a promessa (pressupondo sua normatividade) de modo "incondicionado" ao conteúdo da promessa.[302]

Na minha interpretação, Raz parece indicar que a normatividade não é apenas pressuposta pelo jogador, mas passa a existir pelo fato do jogador aderir ao jogo. Mas a promessa e o direito poderiam ser caracterizados da mesma forma. Essa ambiguidade entre razões condicionadas

[298] *Ibid*, p. 126.

[299] Primeiro capítulo de *EPD*.

[300] Originalmente publicado em 2001, e posteriormente compilado em *BAI*.

[301] *BAI – Reasoning with rules*, p. 206.

[302] *Ibid.*, p. 208.

ou incondicionadas é reconhecida pelo próprio Raz, ao indicar que as regras da lógica por um lado são razões incondicionadas para a ação pois são respeitadas no próprio pensar, mas que por outro lado são condicionadas se considerarmos que é preciso seguir as regras da lógica se o agente tiver razões para viver como um ser racional e pensante. Segundo Raz, essa não é uma condição inevitável, mas ocorre que "quase todos possuem essa razão durante a maior parte do tempo". Seria possível desistir (*opt out*) de todo o pensamento racional, mas no geral não há razões para isso.[303] Sendo assim, essa categorização de razões condicionadas e incondicionadas não traz, por si só, um critério claro de distinção. Porém, do modo como é formulada, essa distinção parece estar maculada por um tipo de postulação ou circularidade argumentativa. [304]

> "Mas o que significa explicar [a normatividade incondicionada das regras]? Afinal, regras são o que são. A tarefa analítica consiste em explicar suas características centrais. Tendo isolado três: sua independência em relação ao conteúdo, sua opacidade e sua lacuna normativa[305] e, tendo

[303] *BAI*, p. 206-207, em especial, *NR* p. 5.

[304] Em alguns momentos do texto, Raz reconhece a circularidade do argumento, mas tenta evitar com que essa circularidade seja perversa: "Você sente que eu estou andando em círculos? [...] De todo modo, eu acredito que fizemos progressos". *Cf. BAI – Reasoning with Rules*, p. 211.

[305] Raz chama de "Lacuna Normativa" a característica das regras em fornecer razões válidas, independentemente da qualidade de seu conteúdo. Para justificar isso, Raz indica que há uma quebra na transitividade entre os valores que justificam assumir uma forma de obrigação e o valor da obrigação específica. Em geral, se A justifica B e B justifica C, então A justifica C (transitividade). Porém, "a promessa para ir a Paris é uma razão para fazê-lo, mas a razão pela qual a promessa é obrigatória [...] não é uma razão para ir a Paris (não se relaciona com o valor de estar em Paris ou de viajar para lá)". Seria possível que a mesma pessoa prometesse nunca viajar para Paris e a promessa ser igualmente válida. Em outros termos, "enquanto as considerações que justificam uma regra existem independentemente da regra, elas não criam a mesma razão para agir do que a criada pela regra". Essas considerações sobre a quebra de transitividade não justificam a "Lacuna Normativa", mas apenas a viabilizam se ela for adotada como premissa. Apesar das tentativas do autor de fugir da tautologia, não tenho evidências de que ele teve sucesso. Isso demonstra-se pelo fato de Raz ter reconhecido mas não ter conseguido explicar porquê a "Lacuna Normativa" não pode ser absoluta, ou seja, porquê o conteúdo da norma não pode violar o valor que justifica a fonte da obrigação: "[...] a lacuna não é absoluta e nem poderia ser. Quando questionamos 'o que tornam as regras obrigatórias?', a resposta recairá em considerações avaliativas". Isso significa que Raz aceita que uma promessa de ir para Paris para se suicidar da Torre Eiffel talvez não seja obri-

indicado que eles se entrelaçam, nós podemos seguir descrevendo outras características suas. Mas que tipo de pedido é esse que demanda explicações? O que mais precisa ser dito? Obviamente, analisar regras nesses termos não se confunde com justificá-las. Nós não mostramos como regras são obrigatórias, nem que qualquer tipo de regra é capaz de veicular obrigações. Porém, certamente, a justificação das regras não é parte de nossa tarefa."[306]

Acredito que Raz pode oferecer uma justificativa para a distinção que realiza entre razões condicionadas e incondicionadas, mas ela não tem como ser derivada das características das regras, pois o que está em xeque é se regras realmente possuem a estrutura que Raz atribui a elas. A resposta está em premissas de outra natureza. Creio que parte da resposta decorre de sua teoria do valor: nos jogos há um valor maior governando a ação dos participantes, mas em esferas de atividade como o direito, os valores plurais conflitam de maneira incomensurável. Raz nega que os valores humanos possam ser redutíveis a um grupo ou a um único valor maior. Com isso, valores incompatíveis entre si podem ser válidos, sem que um esteja subordinado ao outro. [307] Esse argumento que

gatória, uma vez que ele aceita que uma promessa de se tornar o escravo de alguém também não é obrigatória. O exemplo não precisa sequer ser moral. Raz admite que alguém que escolhe o trajeto de ida ao trabalho por hábito, com o intuito de não escolher um trajeto a cada dia, não teria razão para fazê-lo se, por exemplo, sua escolha levasse a um trajeto notadamente mais inseguro ou perigoso. "Se as margens de mérito entre as diferentes opções fossem maiores [que a uma razoável indiferença], então a razão para escolher o trajeto seria inadequada. Porém, esse limite é dado por um estudo das condições de normatividade daquele tipo de razão, não da confrontação entre o conteúdo e o valor daquela razão. *Cf. BAI-Resoning with rules*, pp. 200-210; e, *BAI-TPA*, p. 136.

[306] *BAI-Resoning with rules*, p. 212.

[307] A esse respeito, vide "*The Practice of Value*" e "*Value, Respect and Attachment*". Uma compilação de leituras críticas à teoria do valor de Raz está organizada em: Wallace, R. Jay; Pettit, Philip; Smith, Michael; Scheffler, Samuel (ed.). *Reason and Value: themes from the Moral Philosophy of Joseph Raz*. New York: Oxford University Press, 2006. Creio que uma grande fonte de divergência nos debates em teoria do direito também estão ligados à teoria do valor de cada um dos autores. Seria possível haver conciliação na noção de autoridade entre Raz e Dworkin, sendo que o primeiro defende a pluralidade e incomensurabilidade dos valores enquanto o segundo defende a unidade do valor? Em que medida essa premissa dificulta o diálogo com um autor que aceite a pluralidade, mas aceita a comensurabilidade dos valores, como me parece ser o caso de Alexy? Uma investigação dessa natureza

enxerga a pluralidade de valores como a fonte de conflitos práticos[308] se adequa com a concepção de *prática como fato*. Com tais premissas ontológicas, se o indivíduo sofrer de um conflito prático que envolva valores humanos relevantes, dada a pluralidade de valores, ele não tem como recorrer a critérios que permitam avaliar qual é a melhor solução. Não há como se engajar nesse tipo de raciocínio. Em outras palavras, a distinção que Raz traça entre o direito e jogos lúdicos faz sentido a partir de suas premissas ontológicas. São tais premissas que dão corpo à estrutura que Raz enxerga nas regras. Porém, para que exista consistência entre a teoria do direito de Raz e sua concepção de prática como fato, Raz precisa de uma epistemologia adequada – que ele oferece com o artifício do ponto de vista relevante.

2.3. A epistemologia de Raz: o ponto de vista relevante

Raz considera que o "uso da linguagem normativa na descrição do direito ou de situações jurídicas" conduziu e conduz diversos teóricos a inferir incorretamente que é preciso realizar uma avaliação normativa direta e completa a respeito da legitimidade de uma norma para descrever corretamente sua existência.[309] Isso não seria somente um equívoco, mas uma postura que conduz à perda de capacidade analítica a respeito do direito.[310]

A divisão binária de Hart entre proposições descritivas entre pontos de vista internos e externos teria contribuído para essa confusão, ao obscurecer uma terceira forma de discursos normativos, que já havia sido detectada originalmente por Kelsen (ainda que desenvolvida sob pressupostos teóricos equivocados): o ponto de vista relevante.[311] Discursos feitos por um ponto de vista externo[312] ou

foge completamente ao escopo desta pesquisa, mas serve de indicação que há muitos esclarecimentos que podem ser realizados na elucidação de premissas ontológicas.

308 *Cf.* Raz, Joseph. "Personal Practical Conflicts". *In:* Baumann, Peter; Betzler, Monika. (Eds.). *Practical Conflicts: New Philosophical Essays.* Cambridge: Cambridge University Press, 2004, pp. 172-196.

309 *PRN*, p. 170.

310 *BAI*, capítulo 6, pp. 166-169.

311 *TAL*, Capítulos 4 e 5 (Especialmente, p. 53).

312 Segundo Raz, "proposições externas sobre o direito são proposições a respeitos das práticas, ações, atitudes e crenças das pessoas em relação ao direito." – TAL, p. 154. "Explicações

interno[313] podem ser ambos verdadeiros, mas são inadequados porque eles não se encaixam com o objetivo de uma teoria do direito:

> "Há, de acordo com Hart, dois modos de descrever ou analisar o direito. Pode-se fornecer uma explicação do direito tanto a partir de um ponto de vista externo ou de um ponto de vista interno. Explicações dos dois tipos podem ser verdadeiras, mas apenas uma explicação feita a partir do ponto de vista interno está adequada aos seus fins. A diferença entre as duas abordagens é que uma explicação feita a partir do ponto de vista interno é focada no modo pelo qual o direito é compreendido pelo povo ao qual pertence (*understood by the people whose law it is*). Ou, para ser mais preciso, uma explicação do direito feita a partir de um ponto de vista interno é focada no modo pelo qual o direito é compreendido pelo povo ao qual pertence, o qual aceita esse direito como vinculante (*on the way the law is understood by people whose law it is and who accept it as binding*). Explicações externas não se preocupam em elucidar o modo pelo qual aqueles que estão sujeitos ao direito o percebem. [...]
> [Além disso, segundo Hart] a verdade não é suficiente. Uma boa teoria do direito é, obviamente, verdadeira. Contudo, não é uma boa teoria só porque é verdadeira. Mesmo explicações inadequadas – como aquelas oriundas de um ponto de vista externo – podem ser verdadeiras. O que as faz inadequadas é que elas erram a finalidade de uma teoria do direito, elas perdem a sua finalidade (*they miss its point*)."[314]

Uma vez que a finalidade da teoria do direito consiste no "estudo das características essenciais do direito" [315], nem o ponto de vista interno nem o externo seriam capazes de identificar, por exemplo, o fato do direito ser composto também pela união de regras primárias e

externas não dizem respeito ao modo como aqueles que estão sujeitos ao direito o percebem." – BAI, p. 93.

313 Segundo Raz, "proposições internas são feitas na aplicação das normas jurídicas, utilizando-as como parâmetros para avaliar, guiar ou criticar condutas [...] de pleno compromisso normativo (*full-blooded normative statements*) [cujo engajamento não precisa ser necessariamente de ordem moral]" – *TAL*, pp. 154-155. Raz também caracterizou o ponto de vista interno como "focado no modo como o direito é compreendido pelas pessoas sujeitas àquela ordem jurídica (*whose law it is*) e que o aceitam como obrigatório." – *BAI*, p. 93.

314 *BAI*, p. 93.

315 *BAI*, p. 97.

secundárias. A solução raziana repousa no resgate de um terceiro tipo de discurso normativo que não é redutível nem ao ponto de vista interno nem ao externo, qual seja, a adoção de um "ponto de vista relevante"[316]. No caso do direito, isso implica assumir o *ponto de vista jurídico*. Quando assumimos o ponto de vista relevante para entender a ação de um agente, somos capazes de identificar "a natureza das razões em cuja validade ele acredita", sem que desse modo (i) se ignore a existência de outras razões para a ação que incidem sobre o agente, ou (ii) se realize um juízo sobre a validade dessas razões (endossando-as como corretas).[317]

No caso do direito, o adequado é adotar o ponto de vista jurídico (*legal point of view*), no qual se "simplesmente enuncia [...] o que deve ser feito (*what ought to be done*) se diretrizes jurídicas são normas". Tais proposições não presumem a obrigatoriedade de tais diretrizes[318], mas fazem de sua obrigatoriedade a condição de verdade da proposição[319]. Com a ideia da adoção de um ponto de vista (normativo) relevante, Raz dá força à tese de que o direito pode ser aplicado mesmo por aqueles que não reconhecem sua legitimidade, como o juiz anarquista kelseniano que é capaz de aplicar as regras estrategicamente, mesmo sem acreditar na justiça ou moralidade do sistema jurídico[320]; ou, implicitamente, o homem mau holmesiano[321], que quer conhecer o direito exclusivamente por razões prudenciais. Para indicar a possibilidade lógica e a inteligibilidade de tais enunciados, Raz utiliza diversos exemplos extrajurídicos ao longo de suas publicações, dos quais selecionei alguns:

- *O amigo vegetariano*. Uma pessoa sem restrições alimentícias acompanha o amigo vegetariano a um jantar e o aconselha a não ingerir determinado prato por saber que contém carne. Essa pessoa não acredita que a presença de carne seja uma razão para não se comer

[316] *PRN*, pp. 175-177; *TAL*, pp. 155-159.

[317] *PRN*, p. 143.

[318] *Ibid.*, p. 175.

[319] *BAI*, p. 185.

[320] *TAL*, 156.

[321] Duas leituras antagônicas a respeito do ponto de vista do homem mau holmesiano são oferecidas em por Scott Shapiro e Stephen Perry, respectivamente nos artigos "The Bad Man and the Internal Point of View" e "Holmes versus Hart: The Bad Man in Legal Theory", ambos publicados em: Burton, Steven. The *Path of the Law and Its Influence: the legacy of Oliver Wendell Holmes Jr.* New York: Cambridge University Press, 2000.

um determinado prato, mas consegue adotar o ponto de vista vegetariano para identificar que esse fato é uma razão para o seu amigo e os que pensam como ele.[322]

- *O autor de um manual de xadrez.* Aquele que se dispõe a escrever um manual de xadrez apenas "enuncia o que deve ser feito a partir do ponto de vista de alguém que joga o jogo e deseja ganhar", de modo que consegue descrever como as peças brancas e pretas devem ser movimentadas. Ele não explicita a condição de que os movimentos só devem ser feitos por quem quer ganhar o jogo. Sua descrição não é a relatoria de crença de terceiros sobre o xadrez, mas sim uma proposição normativa própria.[323]
- *O amigo de outra religião.* Um católico que é expert em Direito Rabínico é capaz de aconselhar seu amigo judeu ortodoxo a respeito de como ele deve se comportar perante uma dúvida prática de acordo com a religião judaica. Se o judeu perguntar " 'o que devo fazer?' ", o amigo católico "irá dizer que ele deve fazer tal e qual (*he should do so and so*)", sendo que "ambos sabem que isso não é o que o amigo pensa que ele realmente deveria fazer".[324]
- *O reitor de universidade.* Se for colocado em questão se a Faculdade de Filosofia de determinada Universidade deve ser mantida ou fechada, a autoridade responsável por tomar a decisão se privilegiaria de tomar a decisão apenas após considerar diversos pontos de vista. Por exemplo, "do ponto de vista econômico, seria bom para a universidade fechar o departamento de filosofia [...]; do ponto de vista acadêmico, contudo, isso não se justificaria".[325]

Com tais exemplos em mente, especialmente o do reitor de universidade, fica claro porquê Raz considera que, se o escopo da teoria do direito fosse orientar a ação concreta e singular dos agentes – tal como faz uma teoria da adjudicação – ela seria uma teoria não apenas normativa, mas moral; e, portanto, calcada em avaliações morais voltadas a avaliar o quanto determinada diretriz jurídica apenas alega fornecer ou se efeti-

322 *PRN*, pp. 175-176.
323 *PRN*, pp. 175-176.
324 *TAL*, p. 156.
325 *BAI*, p. 185.

vamente fornece razões (obrigatórias) para ação.[326] Contudo, na medida em que a finalidade do direito, para Raz, é aumentar nossa compreensão sobre o direito, sem que isso envolva saber resolver questões singulares, o *ponto de vista jurídico* é o mais adequado para investigar o objeto.[327]

Baseado na identificação raziana dos três tipos de proposições normativas, Finnis oferece uma estrutura didática de comparação entre eles quando aborda o significado da proposição "X possui autoridade": (i) pelo ponto de vista interno, o sujeito trata X como dotado de autoridade "não apenas para os outros, mas também para *si mesmo*"; (ii) pelo ponto de vista externo, o sujeito não considera que X tenha autoridade sobre si, mas que ainda assim possui autoridade pelo fato de outras pessoas tratarem X como dotado de autoridade; e (iii) pelo ponto de vista relevante, o sujeito descreve a perspectiva do ponto de vista interno, "mas sem endossar ou rejeitar o ponto de vista interno".[328] Nesse sentido, o ponto de vista interno é próprio do agente, o ponto de vista externo próprio de um observador como um historiador ou sociólogo, enquanto o ponto de vista relevante é próprio do profissional ou de alguém que aconselha terceiros.[329] Em síntese, do mesmo modo que é inteligível o enunciado "do ponto de vista do meu amigo é errado comer carne, ainda que eu discorde", não há nada de epistemologicamente equivocado com o enunciado "do ponto de vista do direito cometer aborto é um crime, ainda que eu acredite que não devesse ser". A condição de verdade de tais proposições dependeria da existência de uma diretriz "que exija que a ação descrita nela deva ser realizada".[330] Com isso, Raz adota uma epistemologia adequada à Tese das Fontes

[326] *EPD – PNL*, p. 209.

[327] Para uma abordagem a respeito da construção da tese do ponto de vista jurídico e sua influência no debate contemporâneo vide: HIMMA, K. E. *The Nature of Law: Philosophical Issues in Conceptual Jurisprudence and Legal Theory*. Seattle: Foundation Press, 2011, Capítulo 11 (pp. 336-389). Para um exemplo de pesquisa desenvolvida a partir dessa tese, vide: DICKSON, Julie. *Evaluation and Legal Theory*. Oxford: Hart Publishing, 2001.

[328] FINNIS, John. *Natural Law and Natural Rights*. Oxford: Clarendon Press, 1980, pp. 234-235.

[329] Foge as escopo deste estudo explicitar os argumentos pelos quais Finnis refuta a adequação do ponto de vista relevante como o adequado para uma teoria do direito. Sua explicação, contudo, é utilizada para apresentar a inteligibilidade de tais enunciados.

[330] *PRN*, p. 177. A versão original do trecho traduzido merece destaque: "[the statements] are true or false according to whether there is, in the legal system referred to, a norm which requires the action which is stated to be one which is ought to be done.".

Sociais, à Tese da Autoridade Alegada e à concepção de prática como fato. O círculo se fecha.

2.4. Conclusão: vantagens da exposição de uma premissa

Neste capítulo, expus a premissa ontológica de Raz chamando-a de concepção de prática como fato e a contrastei com um conjunto de premissas alternativas que arregimentei sob a concepção de prática como racionalidade. Esclarecido como e porquê Raz nega que práticas sociais tenham normatividade, a compreensão de sua teoria fica mais fácil. Apenas o pressuposto de que o direito é uma prática social dotada de normatividade (como um jogo) fundamenta que a inteligibilidade do conteúdo das diretrizes dependa de uma compreensão sobre o valor da prática, bem como a possibilidade do agente orientar sua conduta mesmo na ausência de diretrizes explícitas. É nisso que está na baseada distinção que Raz traça entre *conhecer* e *saber aplicar* uma regra, que é pressuposta na Tese das Fontes Sociais. Sob a concepção de prática como racionalidade, compreender o conteúdo de uma regra implica ser capaz de aplicá-la corretamente, mas sob a concepção de prática como fato não. Além disso, especialmente, o esclarecimento dessa premissa ontológica finalmente dá fundamento às Condições Explícitas de Autoridade: na concepção de prática como fato, as diretrizes têm que se dar em um modelo dialogal, ou seja, fundado em alguma lógica de intenção do locutor, pois não há como inferir uma diretriz a partir do que já foi dito. A diretriz se dá praticamente regra a regra e a incapacidade de se compreender o conteúdo da diretriz equivale a não existir diretriz. Nesses termos, uma relação moral saudável com quem emite uma diretriz, deve se dar em termos semelhantes aos propostos pela Concepção de Autoridade como Serviço.

Se as premissas de Raz estiverem corretas, seu positivismo jurídico fornece uma explicação consistente e adequada sobre a natureza do direito. Por outro lado, se não forem corretas (como acredito que não são), sua proposta teórica está fadada ao fracasso *ab initio*. Apesar dessa mesma lógica aplicar-se a seus opositores, o debate contemporâneo se dá sem que essas premissas sejam levadas em consideração, gerando um "diálogo de surdos". No próximo capítulo, apresentarei como as críticas realizadas a Raz por determinados teóricos do direito – centrais no debate contemporâneo – são prejudicadas justamente desse modo. Mostro como diversas críticas são realizadas partindo do que chamei da concepção de *prática como racionalidade*, sem a percepção de que Raz adere a uma concepção daquilo que chamei de *prática como fato*. Com isso, boa parte das críticas trocadas entre tais autores perde o sentido.

3. O PREJUÍZO AO DEBATE CONTEMPORÂNEO

Este capítulo foi desenvolvido com o objetivo de indicar o prejuízo gerado nas análises realizadas pelos críticos de Joseph Raz, pelo fato de sua premissa ontológica (a concepção de *prática como* fato) ter sido mal compreendida ou ignorada.

Nesse sentido, não tive a preocupação de mapear todas as críticas feitas à teoria raziana e muito menos comparar minha sistematização com outras.[331] Diante de meu objetivo, selecionei os autores e as críticas mais pertinentes para esta pesquisa. Com isso, constatei que a falta de clareza sobre a concepção de prática social prejudicou especialmente o embate entre as teorias de Joseph Raz e Ronald Dworkin, ao ponto de suas teorias serem incompreensíveis aos olhos um do outro.[332] Esse fator também tem um impacto relevante no diálogo entre Raz e Gerald Postema e, de modo geral, prejudicou a crítica realizada por outros autores como Stephen Perry, Dennis Patterson e Kenneth E. Himma. Meu argumento é que suas críticas não atingem Raz porque atacam a

[331] Minha sistematização da teoria raziana é frontalmente distinta daquela oferecida por Himma, em: HIMMA, Kenneth E. "Inclusive Legal Positivism". *In:* COLEMAN, Jules; SHAPIRO, Scott. *The Oxford Handbook of Jurisprudence & Philosophy of Law*. Oxford: Oxford University Press, 2002, pp. 125-165.

[332] No artigo *Model of Rules II*, por exemplo, Dworkin finaliza o texto rebatendo as críticas de Raz, supondo que a fragilidade dessas críticas decorre de uma adesão a uma versão extrema da tese que identifica a existência de regras pelo fato de serem socialmente praticadas. *Cf.* DWORKIN, Ronald. *Taking Rights Seriously*. Cambridge: Harvard University Press, 1977, p. 80.

superfície de sua teoria do direito, por presumir que Raz também partilha da concepção de *prática como racionalidade,* ou seja, presumindo que práticas sociais são tipos de fatos no mundo capazes de gerar razões para agir (possuem normatividade).

Meu diagnóstico é que muito do material e da bibliografia produzida para criticar a teoria raziana de autoridade, de razões exclusionárias e de interpretação, não atingiu sua finalidade. Não digo que esse material é inútil, porque serviu para aprofundar o conhecimento da comunidade acadêmica a respeito das posições de autores importantes e verificar seu modo peculiar de articular ideias complexas. Esse argumento pode parecer presunçoso por imputar uma falta de discernimento a autores de primeira grandeza, mas tenho dois motivos para crer que não é.

Em primeiro lugar, há duas evidências que corroboram essa narrativa. Por um lado, as imputações quase agressivas desses autores em relação a seus adversários intelectuais (por ingenuidade, artificialismo ou deslealdade intelectual) são acompanhadas por indicações de que o outro autor não entendeu bem sua proposta, ou que lhe foi imputada uma ideia sem que houvesse qualquer fundamento para isso. É razoavelmente fácil detectar um certo ar de perplexidade e má compreensão entre os autores.[333] Por outro lado, é relevante notar que a teoria de Joseph Raz permaneceu praticamente idêntica desde *Practical Reason and Norms* até os dias de hoje, sem que tenha sido feita qualquer concessão significativa ou acomodação na teoria para lidar com seus críticos.

Em segundo lugar, esta pesquisa tem a vantagem de ser realizada em um período em que as teorias dos autores centrais do debate contemporâneo do século XX já atingiram o seu estágio de maturidade. Muitas delas foram forjadas e adaptadas em meio a debates ferrenhos, mantendo-se a par das constantes inovações filosóficas e de sua incorporação na

[333] Dworkin afirma que "o positivismo exclusivo, ao menos na versão de Raz, consistem em um dogmatismo ptolemaico (*Ptolemaic dogma*): utiliza concepções artificiais de direito e de autoridade cujo único sentido é o de manter o positivismo vivo a qualquer custo". *Cf.* DWORKIN, Ronald. *Justice in Robes*, p. 188. Postema afirma que a adesão ao positivismo de Raz ou a um projeto antipositivista de Dworkin repousa, ao final, nas intuições e inclinações de cada um; uma ideia que é partilhada por Raz. *Cf.* POSTEMA, Gerald J. *Legal Philosophy in the Twentieth Century: The Common Law World.* United States of America: Springer, 2011, p. 376. RAZ, Joseph. "Facing Up: A reply". *In: Southern California Law Review.* Vol. 62, March-May, 1989, numbers 3 & 4, pp. 1162-1163.

teoria do direito. Quem examina o passado possui uma visão cujo panorama é em grande parte fornecido pelas plataformas construídas por seus antecessores. Para o bem e para o mal, vemos o direito a partir dos ombros de gigantes.[334] Sendo assim, talvez não fosse possível traçar esse diagnóstico que apresento antes do presente estado da arte ter sido alcançado.

Além disso, seria um equívoco supor que o desconhecimento ou a ignorância dessas premissas prejudica toda e qualquer crítica feita à teoria raziana. Há diversas críticas realizadas por autores que parecem aderir à mesma concepção de Raz a respeito da ideia de prática social, mas mapear esses autores e suas ideias de maneira adequada exigiria uma outra pesquisa.[335] Esta investigação concentra-se em casos onde a divergência não detectada sobre a natureza das práticas sociais efetivamente prejudicou o debate.

Para organizar meu argumento, reuni essas críticas relevantes por temas e abordagens comuns. Em um primeiro momento, reúno as críticas sobre as Condições de Autoridade Explícita, que negam a necessidade e também a possibilidade do conteúdo de diretrizes ser conhecido sem avaliações sobre o seu conteúdo. Posteriormente, reúno dois tipos de críticas distintas sobre a Tese da Autoridade Alegada, quais sejam, as que rejeitam que o direito possa fazer alegações por meio de seus agentes públicos; e aquelas nas quais o direito não pode ser explicado por uma alegação que é quase sistematicamente falsa. Adiante, reúno as críticas que relacionam a teoria raziana e a proposta de regras exclusionárias como uma demanda de obediência cega à autoridade política. Por último, apresento as críticas de ordem metodológica, que exigem que Raz realize algum juízo de valor para descrever adequadamente o direito.

[334] Uma reflexão dessa natureza é desenvolvida em: Simpson, Aw Brian. *Reflections on the Concept of Law*. New York: Oxford University Press, 2011.

[335] Este ponto será retomado e desenvolvido na conclusão, mas, por enquanto, aproveito para apontar minha impressão de que Will Waluchow e Matthew Kramer são autores que possivelmente adotam uma premissa epistemológica semelhante a de Raz, de modo que sua divergência pode estar localizada em aspectos mais substantivos de suas teorias do direito. *Cf.* Waluchow, Wilfrid J. *Inclusive legal positivism*. Oxford: Clarendon, 1994; e, Kramer, Matthew H. *In defense of legal positivism: law without trimmings*. New York: Oxford University Press, 1999.

3.1. Críticas às CAEs – intenção e conteúdo

O direito deve atender às Condições de Autoridade Explícita: se o direito alega autoridade, precisa ser o tipo de coisa capaz de alegar autoridade – e isso, na teoria raziana, requer o cumprimento de duas exigências. De acordo com a primeira exigência, as diretrizes precisam ser vistas como a representação da intenção de alguém. Nos termos da segunda exigência, o conteúdo da diretriz precisa ser reconhecível sem o auxílio de recursos avaliativos ou morais. Argumento que, ao tratar desse ponto, as análises realizadas por Gerald Postema, Nicos Stavropoulos, e Ronald Dworkin fracassam em criticar adequadamente a teoria do direito raziana, justamente por ignorarem a diferença entre sua pressuposição a respeito da normatividade das práticas sociais.

3.1.1. *A autoridade singular das diretrizes jurídicas*

A principal crítica dirigida às Condições de Autoridade Explícita rejeita que *todas* as normas jurídicas precisam ter o potencial para autoridade para que o direito como um todo alegue autoridade. Dentre autores que realizam essa crítica, considero que a feita por Dworkin é a mais elucidativa da divergência gerada pelas diferentes concepções de prática social.[336] Para ele, "não é possível inferir do fato de que algumas normas possuem autoridade legítima – o que é necessário presumir se partimos da ideia de que as alegações dos agentes públicos são sensatas – que nada seja uma norma jurídica a não ser que seja capaz de tal autoridade."[337]

Segundo Dworkin, mesmo os agentes públicos poderiam reconhecer, por exemplo, que uma lei que proíba a maré de fluir ainda assim é

[336] Essa crítica também é elaborada por Jules Coleman e Matthew Kramer. Porém, entendo que a crítica de Coleman é resultado de uma compreensão inadequada das Condições de Autoridade Explícita e da teoria raziana de interpretação. *Cf.* COLEMAN, Jules. *The Practice of Principle: in defence of a pragmatist approach to legal theory*. New York: Oxford University Press, 2001, mais especificamente *Lecture Nine*. No caso de Kramer, tenho dúvidas a respeito de suas premissas epistemológicas e ontológicas e, portanto, da utilidade de utilizá-lo neste capítulo da tese (assim como Waluchow). Sobre as premissas, vide: KRAMER, Matthew. *In Defense of Legal Positivism*. Oxford: Oxford University Press, 1999 (reprinted 2007). Sobre a crítica a Raz, vide: KRAMER, Matthew. *Where Law and Morality Meet*. Oxford: Oxford University Press, 2004 *Apud* POSTEMA, Gerald J. *Legal Philosophy in the Twentieth Century: The Common Law World*. Springer, 2012, pp. 372-372.

[337] DWORKIN, Ronald. *Justice in Robes*. Cambridge: Harvard University Press, 2006, pp. 200-201.

uma regra jurídica, apesar de ser uma lei sem sentido e incapaz de criar obrigações jurídicas. [338] Em outras palavras, Dworkin coloca em xeque se é possível inferir que toda diretriz precisa deter os requisitos das CAEs para ser reconhecida como jurídica. Ele questiona se não há uma transitividade ilegítima entre o potencial *global* do direito de alegação de autoridade, para o potencial *singular* de cada norma para alegar autoridade. Para isso, utiliza o exemplo de uma norma que, segundo ele, é incapaz de fornecer qualquer diretriz, mas que ainda assim deveria ser sensatamente reconhecida como jurídica.

A princípio, porém, o exemplo não é adequado para criticar a teoria raziana, pois essa norma hipotética de controle das marés parece preencher as duas Condições de Autoridade Explícita. Em outros termos, a teoria raziana não teria problemas em reconhecer a sua natureza jurídica. Em primeiro lugar, trata-se da expressão de uma vontade do poder legislativo em controlar o fluxo das marés por meio de uma regra jurídica. Além disso, é possível identificar prontamente a intenção e o conteúdo da norma jurídica sem uma avaliação sobre as razões dependentes. Com isso, ela seria capaz de deter autoridade por atender às CAEs e é efetivamente jurídica nos termos da Tese das Fontes Sociais.

Para que a crítica de Dworkin tenha força, é preciso que ele ataque essa divisão entre condições "não-morais" e "morais" (como efetivamente faz em um outro momento).[339] Transpondo essa crítica para o exemplo utilizado, Dworkin teria de argumentar que a lei das marés, *pela natureza do seu conteúdo*, é absolutamente incapaz de gerar razões para a ação. Ao atrelar a noção de autoridade legítima ao conteúdo da diretriz, Dworkin cria uma objeção para a cisão entre condições "não morais" e "morais" de autoridade.[340]

Se a crítica for bem sucedida, ela força a teoria raziana a reconhecer condições morais mínimas para a Concepção de Autoridade como Serviço, ou seja, um conteúdo moral mínimo no direito. Se for realizada essa concessão, a Tese da Autoridade Alegada implica a rejeição da Tese

[338] *Ibid*, p. 200-201.

[339] *Op. Cit. Justice in Robes*. pp. 202-203.

[340] Isso fica evidenciado pelo próprio trecho em que a crítica é introduzida. Dworkin presume que um sistema jurídico precisa ter ao menos algumas normas com autoridade legítima para que o direito alegue ter autoridade, mas como visto, Raz não faria essa concessão, ao menos a princípio.

das Fontes Sociais. Essa crítica, que reconhece na impossibilidade moral absoluta a *incapacidade/potencial* para a autoridade, é desenvolvida em um exemplo de Postema:

> "A licença de um médico para exercer a medicina não é uma garantia de sua competência, mas a alegação de competência de uma pessoa sem a licença não é minimamente crível. O mesmo parece ocorrer com autoridades práticas. Já que o sentido de reconhecer uma autoridade prática é que aumente nossa probabilidade de agir melhor segundo as razões que se aplicam a nós, ao contrário de orientar nossas ações em vista de nossas considerações sobre essas razões, então parece ser natural insistir em uma barreira em relação a essa tarefa. A aparência dessa licença e qual o grau de exigência para a barreira de qualidade são questões que precisariam ser estabelecidas por meio de considerações avaliativas."[341]

Tenho a impressão de que a analogia dificilmente seria convincente para Raz. O exemplo do médico fracassa porque ele fornece uma informação que não tem como ser obtida na realidade: a certeza de que a pessoa não é habilitada, ou seja, a certeza que as diretrizes daquela pessoa são desprovidas de fundamento.

Essa ideia é explorada por Raz em um exemplo no qual ele questiona se faria sentido obedecer a um sinal de "pare" em uma intersecção onde claramente não há outros carros se aproximando. Porém, a seu ver, um motorista nunca tem como saber com certeza que nenhum outro carro está realmente vindo.[342] No caso do médico, o que torna *inteligível* que alguém se apresente como um médico habilitado? Podemos imaginar que essa inteligibilidade pode vir de qualquer ser humano, talvez com o mínimo de idade para ter sido possível ter cursado uma faculdade de medicina. É inteligível que um mendigo alegue ser um médico habilitado que perdeu todas suas propriedades com a crise financeira. O mesmo ocorre com alguém jovem, mas que alega ser um prodígio. Em uma situação que não é de onisciência, o agente passará pela situação de dúvida em reconhecer se as diretrizes do mendigo ou do suposto prodígio devem ser seguidas, ao menos inicialmente.

[341] POSTEMA, Gerald J. *Legal Philosophy in the Twentieth Century: The Common Law World.* United States of America: Springer, 2011, p. 359.
[342] *TAL*, pp. 16 e 24-25.

A alegação de que um cachorro é habilitado para a ação médica não é inteligível do mesmo modo, porque o fato não é somente improvável, mas impossível a ponto de não fazer sentido. O cachorro sequer tem como alegar essa qualificação. Para usar os termos razianos, um cachorro não é do *tipo de coisa* que pode ter expertise médica. A inteligibilidade da alegação de autoridade, nesse sentido, não depende do conteúdo da ação tomada, mas da natureza de quem a alega. Se o mendigo ou o suposto prodígio tomarem ações que indicam claramente uma falta de conhecimento médico, será possível constatar que a alegação era falsa, mas isso não a torna ininteligível. Pelo contrário, a possibilidade da alegação ser falsa é indicativa da sua perfeita inteligibilidade.

Tenho a impressão de que a distinção que Raz traça entre o direito e os jogos está na base dessa divergência. No jogo, o valor é o critério para estabelecer a validade das normas, de tal modo que se o conteúdo das normas for absolutamente impertinente em relação ao valor do jogo, elas *não pertencem* ao jogo. Regras que prejudiquem a simetria na partida de xadrez ou impeçam que times de futebol tenham estratégias diferentes entre si, por fugirem completamente ao sentido do jogo, não são regras do jogo. Jogos com tais regras deixariam de ser, respectivamente, xadrez e futebol. Na visão de Raz, como a normatividade do direito não é como a de um jogo, então não há porquê atrelar inteligibilidade do conteúdo a uma finalidade, função ou valor. É a concepção de prática social que divide esses autores. O debate é epistemológico e ontológico – e não moral.

3.1.2. *Significado convencional, ceticismo e indeterminação*

Outra crítica em sentido similar foi realizada por Stavropoulos[343], para quem as Condições de Autoridade Explícita estão fundadas em uma concepção pela qual o significado das diretrizes precisa ser convencionalmente fixado ou sofrerá inevitavelmente de indeterminação radical.[344]

[343] Uma crítica semelhante é realizada por Wil Waluchow, porém tenho dúvidas a respeito das premissas epistemológicas do autor e do quanto sua versão da crítica é útil para o objetivo deste capítulo. Vide: Waluchow, W. J. *Inclusive Legal Positivism.* Claredon Press: Oxford, 1994, p. 121.

[344] Stavropoulos, Nicos. *Objectivity in Law.* Oxford: Clarendon, 1996. (reprinted 2006), pp. 136-137. Esse argumento já havia sido realizado por Dworkin, em: *Law's Empire.* Cambridge: Harvard University Press, 1986, capítulo 1.

Essa adesão ao convencionalismo seria motivada por um objetivo de obter dados jurídicos incontroversos/indubitáveis[345]:

> "Raz (e outros) simplesmente *presumem* a inevitabilidade do convencionalismo. Eles simplesmente presumem, na medida em que eles partem da premissa de que Dworkin, assim como todo mundo, precisa de algum modo selecionar o objeto do desacordo [...], para a conclusão de que o terreno comum identificado é tudo o que há ao objeto de divergência (*all there is to the object of dispute*). Mais especificamente, Raz presume que o conteúdo de juízos de consenso *determinam* o conteúdo do conceito relevante, e que os paradigmas inequívocos exaurem sua extensão. Nenhum argumento, além da ameaça cética mencionada acima, é oferecida para fundamentar que o terreno comum tenha esse papel."[346]

Porém, essa crítica ignora que a teoria raziana não possui qualquer compromisso com a certeza ou com o consenso sobre o conteúdo ou a aplicação da regra. No caso, o indivíduo deve ser capaz de saber que ação a autoridade demanda dele, ainda que ele tenha dúvidas sobre que ação realizar no caso concreto. O indivíduo pode ter dúvidas *se deve* obedecer, *como* obedecer da melhor forma, mas se ele tem dúvidas se está obedecendo ou não, então não há uma diretriz conduzindo sua ação. Para Raz, a dúvida neste caso sinaliza a ausência de diretriz.

Isso não é um apelo à segurança jurídica ou à certeza, mas uma implicação da inexistência de outros critérios para identificar o que deve ser feito *de acordo* com a diretriz dotada de autoridade. Dentro de uma prática social que fornece suas razões para ação, tal como em jogo, conhecer uma regra implica saber aplicá-la corretamente; e a dúvida é dirimida pela observação do valor da prática. Porém, como Raz não parte dessa premissa, mediante a dúvida, no caso do direito, há lacuna normativa; e para as autoridades judiciais há discricionariedade.[347] Conhecer o conteúdo da norma não permite a alguém inferir a existência de outras

345 *Ibid*, p. 145.

346 *Ibid*, p. 142.

347 Se Raz estivesse disposto a reconhecer uma ontologia especial para práticas sociais, talvez aceitasse a proposta de Dworkin sobre a necessidade de um processo de interpretação criativa entender as exigências dessa prática. Uma vez que este não é o caso, Raz adota o modelo meramente dialogal de interpretação. *Cf.* Dworkin, Ronald. *Law's Empire.* Cambridge: Harvard University Press, 1986, Capítulo 2.

normas sobre como agir; mas essa posição não decorre de uma postura cética, mas de uma concepção sobre a ação humana.[348]

3.2. Crítica à TAA – falsidade sistêmica da alegação

Uma crítica bastante interessante é a desenvolvida por Postema, para quem a teoria do direito de Joseph Raz é, de modo geral, internamente consistente, mas a um alto preço: atribuir ao direito uma alegação que é falsa em quase todo sistema jurídico existente no planeta.

> "A TAA e o tipo de argumento que ela deveria tornar inteligível parecem ser falsos – não eventualmente falsos, mas sistematicamente falsos. [...] Raz enfrenta um paradoxo interpretativo. Enquanto alegação conceitual, a TAA depende para seu fundamento dar inteligibilidade para características relevantes da estrutura e peculiar funcionamento do direito. Porém, é de se questionar se diante dessas muitas características do direito, faz sentido atribuir ao direito uma alegação que não é falsa às vezes, mas sistemática e quase sempre falsa. [...] Uma prática se torna mais inteligível quando atribuímos a ela, em seu fundamento, um argumento para seu status normativo que quase nunca pode ser crível? [...] atribuir uma alegação tão implausível à prática a torna minimamente inteligível [?]"[349]

Essa acusação, porém, simplesmente perde sentido quando reconhecemos que, para Raz, o direito não é uma prática social que gera razões para agir; algo a respeito do que Postema se equivoca. Ele imputa a Raz a premissa da normatividade da prática social, afirmando que "seguindo Hart, Raz parte da observação de que o direito é uma prática social que visa guiar agentes racionais. Esse ponto de partida, que ele [Raz] percebeu, impõe um limite metodológico relevante na teoria do direito. Para explicar o direito é necessário tornar inteligível a percepção dos participantes na prática."[350] Porém, as referências fornecidas para embasar essa proposição não dão fundamentos para a conclusão de

[348] *EPD-ALM*, p. 220. "[...] a existência de uma diretriz, apesar de indicar que outra diretriz é desejável ou correta, não pode por si só estabelecer sua existência".

[349] Postema, Gerald J. *Legal Philosophy in the Twentieth Century: The Common Law World.* United States of America: Springer, 2011, p. 375.

[350] *Ibid*, p. 349.

Postema.[351] Em *Intention and Interpretation,* ao tratar da questão da inteligibilidade do conteúdo das normas jurídicas, na página referenciada Raz indica que uma teoria do direito precisa partir da premissa de que "a atitude das pessoas em relação ao direito é moralmente inteligível, [ou seja] que é inteligível que eles acreditem que o direito seja moralmente obrigatório."[352] Porém, esse pressuposto não demanda uma noção de prática social e é capaz de ser suprida pela tese de que o direito alega ter autoridade. Além disso, nas páginas indicadas em *On The Nature of Law*, Raz faz uma crítica de como a noção de Ponto de Vista Interno em Hart é superestimada e mal compreendida, bem como explica porquê considera normal a utilização da figura de linguagem de que "o direito" alega algo como uma personificação da conduta de seus representantes.[353] Toda a análise de Postema parte dessa leitura a respeito das premissas de Raz, ou seja, supondo que ele adota a concepção de prática como racionalidade.[354]

Sendo assim, como em Raz o direito não se torna inteligível pelo seu valor, não há nenhum prejuízo em reconhecer no direito uma alegação quase sempre falsa. Na verdade, isso pode ser encarado como uma indicação esclarecedora: no geral, as pessoas estão enganadas sobre a natureza de sistemas políticos organizados a partir de regimes jurídicos. Novamente, a distinção entre direito e jogos parece estar na raiz da divergência. Enxadristas não podem estar sistematicamente enganados sobre a finalidade do xadrez, mas podem estar a respeito das características pessoais de um colega de trabalho. Um jogo não é jogado (e não existe concretamente) se os participantes não possuem a intencionalidade específica de jogar aquele jogo, orientando-se pelo seu valor. Um jogo não é futebol se os participantes querem arremessar a bola com a mão ou se abrem mão de tentar chutar ao gol. Se o mesmo aplicar-se ao direito, uma alegação sistematicamente falsa não faz sentido. Para os

[351] Postema indica que essa afirmação pode ser extraída da leitura dos artigos "Intention and Interpretation" (p. 261) e "On The Nature of Law" (p. 2-3).

[352] *BAI -Intention and Interpretation*, p. 261.

[353] Utilizei a versão publicada em *Between Authority and Interpretation*. BAI, pp. 92-93.

[354] Essa leitura parece ter impactado e ter sido incorporada por Stephen Perry, conforme indicado em: PERRY, Stephen. "Interpretation and Methodology in Legal Theory". *In:* MARMOR, Andrei (Ed.) *Law and Interpretation: essays in legal philosophy*. Oxford: Clarendon Press, 1995 (reprinted, 2006), pp. 97-135 (em especial, pp. 125-128).

teóricos que aderem à concepção de prática como racionalidade, uma intencionalidade específica é crucial; de modo que agir juridicamente assemelha-se a participar de um jogo. Porém, como Raz nega a semelhança entre o direito e o jogo, os cidadãos podem ter a intencionalidade errada; tudo o que eles precisam é do conceito de seguir regras e diretrizes.

3.3. Crítica à TAA – a ideia de agentes públicos alegando autoridade

A TAA é relevante para a teoria do direito de Raz porque de um lado fundamenta a Tese das Fontes Sociais e de outro seu desenvolvimento conduz ao que Raz considera as principais elucidações sobre a natureza do direito. Essa tese, assim como tantas outras, sofreu e sofre diversos tipos de críticas, tanto com o objetivo de rejeição como o de aprimoramento[355]. Dentre essas, destaco as críticas desenvolvidas por Dworkin e Himma a esse respeito (cada um ao seu modo), que dependem e pressupõem que Raz partilha da ideia de que a normatividade do direito está ligada a uma prática social ou um fato social de alguma natureza.

Ao tentar compreender exatamente o que Raz quis dizer com a ideia de que *o direito* alega ter autoridade legítima, Dworkin desenvolve e descarta algumas hipóteses, até chegar à caracterização correta de que essa alegação poderia ser uma indicação que os agentes públicos fazem isso quando insistem que possuem o direito de impor obrigações aos cidadãos. Uma vez tendo sido fixada essa noção, Dworkin critica como a existência do direito poderia estar condicionada a esse fato de alegação de autoridade. "Uma coisa é supor que agentes públicos normalmente fazem essas alegações; mas outra completamente distinta é supor que, salvo se eles realizarem essa alegação, então necessariamente não há

[355] Vide, por exemplo, debates em: Gavison, Ruth (Ed.). *Issues in Contemporary Legal Philosophy. The Influence of H. L. A. Hart.* New York: Oxford University Press, 1989, capítulos 3 e 4; Soper, Philip. "Law's Normative Claims". *In*: George, Robert P (Ed.). *The Autonomy of Law: Essays on Legal Positivism*, 1996, 3rd ed., pp. 215-248; Greenwalt, Kent. "Legitimate Authority and the Duty to Obey". *In:* Edmundson, William A. (Ed.) *The Duty to Obey the Law: selected philosophical readings.* Lanham: Rowman & Littlefield, 1999, pp. 177-192. Mais recentemente, vide: Ehrenberg, Kenneth M. "Law's Authority is not a Claim to Preemption" e Rosen, Arie. "The Normative Fallacy Regarding's Law Authority", ambos em: Waluchow, Will; Sciaraffa, Stefan. *Philosophical Foundations of the Nature of Law.* Oxford, UK: Oxford University, 2013, pp. 51-74 e 75-100.

direito. Na verdade, muitos agentes públicos não o fazem."[356] Para ilustrar sua ideia, Dworkin cita o exemplo de Oliver Wendell Holmes e narra que, para ele, a ideia de obrigação moral não faria muito sentido. Além disso, Holmes consideraria que o direito simplesmente aumentava ou diminuía o custo para a tomada de certas ações. "A existência do direito em uma comunidade não pode depender de quanto seus agentes públicos partilham da visão de Holmes." [357]

Se a crítica parasse nesse ponto, a resposta de Raz seria bastante simples. A teoria raziana não depende de uma alegação unânime por parte dos agentes públicos, bastando somente que o alto oficialato *agisse* como detentor do direito de impor obrigações. Antecipando essa objeção, Dworkin continua afirmando que um sistema jurídico poderia existir mesmo em um contexto no qual todos os agentes públicos e cidadãos também adotassem a concepção de Holmes. Dworkin indica ser absurdo ter que reconhecer se há ou não direito em uma sociedade, com base na teoria do direito vigente naquela sociedade. Ao contrário disso, questiona se "não seria mais sensato dizer que Holmes estava equivocado e que todos que aderissem à sua concepção também estariam igualmente equivocados?". [358] Acrescenta, ao final, uma consideração que dá indícios da diferença entre suas premissas: "[não seria mais sensato dizer que] O Direito estadunidense, em regra, impõe obrigações morais de obediência aos seus cidadãos independentemente do que pensam?"[359]. [360]

Antes de avançar a questão, cabe indicar que essa imputação de que a alegação de autoridade, que seria algo contingente à teoria do direito adotada pelo respectivo agente público, incide em uma caracterização equivocada da teoria raziana. O filósofo considera que é possível que uma sociedade tenha direito sem que sequer os membros daquela sociedade detenham o conceito de direito. Segundo Raz, os cidadãos precisam ter o conceito de regras e agir intencionalmente em relação a

[356] *Cf.* DWORKIN, Ronald. *Justice in Robes.* Cambridge: Harvard University Press, 2006, p. 200.

[357] *Idem.*

[358] *Idem.*

[359] Raz não considera que nenhum sistema jurídico, nem um que fosse plenamente justo, impõe obrigações morais pelo simples qualidade de suas normas. A existência de obrigações morais é algo que se estabelece com cada cidadão, não sendo possível presumi-la *prima facie*. *BAI-About Morality and the Nature of Law.*

[360] *Op. Cit. Justice In Robes,* p. 200.

essas regras, mas não precisam ser capazes de identificá-las como regras *jurídicas*.[361] Isso é aceitável porque a normatividade para Raz é sempre moral. Se aquela comunidade vive em uma relação de autoridade política (legítima ou alegada), com as peculiaridades institucionais do direito, então ela possui um sistema jurídico. Não se trata, portanto, de uma questão da teoria do direito vigente na sociedade, mas da natureza da *relação* entre agentes públicos e aqueles que estão sujeitos às suas normas.

Feito esse esclarecimento, é preciso indicar como eu entendo que a teoria raziana responde à objeção sobre a existência do direito em uma sociedade em que prevalece a concepção de que a relação entre agentes públicos e sujeitos está organizada em termos de incentivos e desestímulos, ou seja, de modificações no custo de decisão. Uma vez que essa objeção é posta de maneira abstrata, fica a cargo do leitor imaginar como se dariam as relações públicas nessa sociedade holmesiana. Sem isso, não é possível dizer se há ou não direito nela. É preciso examinar a proposta com algum exemplo concreto.

Como nem Dworkin e nem Raz elaboraram esse exemplo, eu faço uma tentativa de construí-lo. Imagine que um cidadão *C*[362] da comunidade *H* alcança uma conjuntura na qual ele é posto perante a dúvida prática de obedecer ou não uma diretriz posta pelos agentes públicos – seja um roubo ou uma contravenção de trânsito[363] – e, ao realizar seu cálculo de custo/benefício, opta por infringir a diretriz. Supondo ainda que *C* seja preso em flagrante e questione, ao ser levado ao processo judicial, "por que eu deveria cumprir com essa diretriz?" ou, ainda, "o que legitima vocês a me gerarem esse custo adicional sobre essa conduta?". Uma resposta cínica seria a de que não há razões morais para a imposição dessa diretriz, que seu conteúdo é resultado de um processo histórico altamente contingente. Pela caracterização que Dworkin faz desse juiz holmesiano, ele não irá ancorar a imposição da pena em uma ideia de responsabilidade pessoal dos indivíduos, pois isso colocaria a norma-

[361] *Cf. BAI-CTBATL.*

[362] Na teoria raziana o termo "cidadão" não é empregado com frequência, mas sim aquele que é "sujeito à autoridade" (*subject*). Acredito que essa é uma escolha consciente, feita par não restringir a aplicação de sua teoria a contextos democráticos ou republicanos, mas mesmo regimes ditatoriais e iníquos.

[363] Para fins de explorar o argumento, vou desconsiderar como que existe nessa sociedade H as noções de propriedade, roubo e contravenção.

tividade dessa diretriz como uma obrigação moral. Sendo fiel ao exercício mental proposto, é difícil enxergar uma resposta desse juiz que não seja admitir que o conteúdo da diretriz, bem como a imposição da sanção, são arbitrárias, ou seja, não encontram justificativa moral.[364] Suponha, ainda, então que o "Caso C" ganhe repercussão dentro da comunidade *H*, de tal modo que agentes públicos e cidadãos se tornem cientes e convencidos de que o modo de agir das autoridade é arbitrário.

Sendo assim, nesse contexto em que há uma noção geral de arbitrariedade, se agentes públicos continuam a implementar rigorosamente as diretrizes e cidadãos continuam, na sua grande maioria, a obedecê-las, fica o desafio: há um sistema jurídico nessa comunidade? Será que há um sistema jurídico e todos estão enganados sobre seu valor ou na verdade trata-se de um sistema de controle social semelhante, mas distinto do direito? Tenho a impressão de que Raz diria que não há direito nessa comunidade. Mas ele deveria dizer algo diferente? Essa comunidade vive em um sistema em que não está ausente apenas uma alegação de autoridade, mas a própria noção de *razão para agir* está em crise. No exemplo, a comunidade segue as diretrizes sem conseguir enxergar nelas qualquer razão par agir, como um *tabu*. Será que mesmo Dworkin ainda estaria inclinado a classificar esse sistema como jurídico? Tenho a impressão de que não, pois ainda que um sistema como esse conseguisse se manter, certamente não se assemelharia em nada com a prática social interpretativa e argumentativa que Dworkin identifica com o direito.[365]

Talvez seja possível imaginar um outro desenvolvimento para a comunidade *H* diferente da narrativa que apresentei, mas Dworkin não fez isso[366], e não consigo enxergar um modo de reconstruir sua crítica de maneira mais sólida. Entretanto, Kenneth Himma desenvolveu essa mesma crítica, mas com uma diferença bastante relevante: uma comu-

[364] É possível imaginar que a autoridade holmesiana faça um apelo ao dever de previsibilidade. Mas se for o caso, o exemplo dworkiniano pede a utilidade, pois o juiz ancora o seu dever em uma obrigação moralmente valiosa de manter a previsibilidade.

[365] Dworkin, Ronald. *Law's Empire*. Cambridge: Harvard University Press, 1986. Baseio-me fortemente nas leituras oferecidas por Stephen Guest e Ronaldo Porto Macedo Jr em relação à teoria dworkiniana. *Cf.* Guest, Stephen. *Ronald Dworkin*. Stanford: Stanford University Press, 1992, (2012, 2ª ed.); Macedo Júnior, Ronaldo Porto. *Do Xadrez à Cortesia: Dworkin e a teoria do direito contemporâneo*. São Paulo: Saraiva, 2013.

[366] Não encontrei nenhum exemplo análogo que poderia servir de suplementação em nenhum artigo ou livro de Dworkin.

nidade em que os cidadãos enxergam nas diretrizes dos agentes públicos verdadeiras razões para agir, mas sem que os agentes públicos façam qualquer alegação de autoridade.[367] Como o exemplo foi bem trabalhado, irei transcrevê-lo de maneira mais alongada:

> "Imagine que há uma sociedade S que é tão semelhante à nossa na medida em que é consistente com as seguintes propriedades: todos os legisladores (*lawmakers*) e sujeitos (*subjects*) em S viram as tentativas para mostrar que o direito pode ser legítimo [...] e todos os residentes nessa sociedade, inclusive os agentes públicos, são céticos em relação ao fato de que o direito possa em qualquer hipótese fornecer sequer obrigações morais *prima facie* de obediência. Como resultado, agentes públicos e cidadãos abstêm-se de utilizar termos potencialmente enganosos como 'autoridade', 'dever', 'obrigação', e 'direito', confiando em termos como 'oficial', 'exigido', 'vinculante', 'não-opcional' e 'permitido'. A despeito do ceticismo geral a respeito da possibilidade de legitimidade moral, as normas jurídicas de S são justas e justamente administradas." [...] [Nessa sociedade os agentes públicos agem em torno da noção de que] "por uma razão prática, algo precisa ser feito para regular o comportamento. Do mesmo modo, *todos* os sujeitos de S acreditam que é do interesse de todos estruturar um sistema de regras em torno de convenções adotadas pelos agentes públicos [...]. Ao reconhecer as vantagens de um sistema de regras para a regulação do comportamento, os sujeitos geralmente obedecem as diretrizes validas pela suposta regra de reconhecimento". [...] [Além disso,] "os sujeitos de S são no geral moralmente obrigados a obedecer o direito, mas a obrigação surge por causa do conteúdo do direito. Além disso, o termo "direito" é utilizado apenas para distinguir os padrões de conduta que são apoiados na força policial do estado".[368] (destaques no original)

À primeira vista, é difícil entender como o exemplo de Himma não serve justamente para defender algo como a Tese da Justificação Normal. Afinal, obedecer para se atingir uma situação melhor não é exatamente reconhecer que a obediência à autoridade gera uma ação mais

[367] Himma, Kenneth E. "Law's Claim of Legitimate Authority". *In:* Coleman, Jules (ed.). *Hart's Postscript.* Oxford: Oxford University Press, 2001, p. 299.
[368] *Ibid*, pp. 298-299.

conforme às razões que se aplicam a esses cidadãos? A resposta de Himma é que os sujeitos possuem uma razão prudencial: a crença de que é do melhor interesse de todos ter um tal sistema normativo e agir de acordo com suas normas jurídicas. Tenho a impressão que Himma tenta criar um contexto no qual essas pessoas aplicam diretrizes e as obedecem porque, de um modo ou de outro, isso ao longo do tempo se mostrou como um tipo de hábito, que foi coletivamente percebido como salutar. Por exemplo, essas pessoas obedecem porque se percebeu que se a propriedade de todos estiver protegida, gerando mais facilidade para a obtenção de novas propriedades, as condições econômicas tendem a melhorar. Esse é o desafio posto por Himma: nessa comunidade S, as pessoas agem segundo normas, mas acreditam que as seguem por hábito, pela razão de que este hábito traz benefícios positivos para todos se for mantido.[369] Se estivermos dispostos a reconhecer que este é um sistema jurídico, a Tese da Autoridade Alegada corre o risco de colapsar e, com isso, o próprio positivismo jurídico de Raz.[370]

De início, me parece que há dois problemas com o exemplo. Em primeiro lugar, ele postula que a obrigação dos cidadãos é oriunda do conteúdo das diretrizes, mas como é justamente esse o ponto em debate, a postulação é descabida. Além disso, o fato de todas as regras serem justas impede que seja possível imaginar um teste adequado a respeito da normatividade do sistema. Himma afirma que os cidadãos obedecem porque enxergam apenas o valor último (a razão prudencial) do aumento no bem estar de todos e, com isso, aceitam normas fixadas "em torno das convenções adotadas pelos agentes públicos".[371] A convenção dá razões *jurídicas* para agir e o conteúdo justo das normas as caracteriza também como obrigações morais. Essa sobreposição entre o jurídico e o moral

[369] Essa forma de reconstrução, inclusive a alcunha de hábito salutar, é minha.

[370] O exemplo de Himma é elaborado com o objetivo de indicar que é concebível um sistema jurídico sem nenhum dos 5 elementos que Raz elenca como próprios do direito e que caracterizam a alegação de autoridade: "(1) a aplicação (*enforcement*) de normas jurídicas como exclusionárias; (2) o uso no direito de termos como 'direito' e 'obrigação'; (3) a designação oficial de institutos jurídicos como 'autoridades'; (4) a alegação feita por oficiais de que os sujeitos 'devem' lealdade (*'owe' allegiance*) e 'devem obedecer o direito' (*'ought to obey the law'*); e (5) a crença de oficiais de que eles possuem autoridade legítima. *Ibid*, pp. 283-284. A leitura de Himma para essa coleção de elementos é exclusivamente calcada em *EPD-ALM*.

[371] *Ibid.*, p. 298.

não fornece um cenário adequado para compreender se essas esferas são autônomas entre si ou não. Como o cidadão dessa comunidade raciocina sobre o "não opcional"?

Para levar a sério o teste de Himma, proponho um exemplo de conduta desviante na comunidade S proposta por ele. Se um cidadão *D*, levado ao juiz por dirigir no sentido não convencional das vias de trânsito, questionasse o fundamento para que ele seguisse a diretriz, que tipo de justificação ele receberia? Mesmo diante de um juiz diferenciadamente cético na sociedade *S*, imagino que ouviríamos algo do seguinte tipo: "tendo em vista que se todos dirigirem do lado correto das vias o benefício social é maior, é preciso criar desestímulos para a conduta divergente, para conter o prejuízo sobre a qualidade de vida do todo. Para casos como esse, a convenção permite uma pena entre X e Y anos, dentre as quais eu discricionariamente seleciono Y". A justificativa em si não gera nenhum problema de irracionalidade, como no caso da comunidade holmesiana. O problema surgiria se no caso concreto a condenação do cidadão *D* gerasse um prejuízo geral maior do que o benefício adquirido. Imagine que o cidadão *D* seja uma pessoa carismática e formadora de opinião na comunidade, de modo que sua prisão poderia tanto gerar prejuízos à reputação dos agentes públicos, quanto induzir e estimular outras pessoas a desobedecerem a diretriz.[372] Se a convenção entre agentes públicos não tiver previsto nenhuma exceção às suas regras, o juiz deve aplicá-la?

O juiz de Himma – que não alega autoridade – passará por um dilema que pode ser caracterizado nos seguintes termos. (i) Se o juiz entende que a regra não precisa ser aplicada apesar de contrária à convenção, ele adota uma premissa pela qual a obrigação jurídica é subordinada à lógica/valor do bem estar (limitada ou não à prática social) (ii) se o juiz entende que deve aplicar a regra, ele pressupõe que há uma normatividade no direito que é fornecida pela prática social convergente entre agentes públicos; essa prática cria (de um modo qualquer) uma obrigação autônoma de reconhecer a validade da norma em questão e aplicá-la; ou, ainda, visa proteger algum valor como a previsibilidade. Em qualquer um desses casos, o juiz alega autoridade, dando razão para a teoria raziana.

[372] Vamos imaginar que a alta probabilidade dos efeitos negativos foi calculada e comprovada.

É preciso, porém, realizar um último exercício de imaginação. Suponha que o juiz em questão se mantenha cético até o final e diante desse dilema, busque a solução por algum meio aleatório, como sorteio de resultados, jogos de dados ou "cara ou coroa". Em tais casos, o juiz realmente não alega autoridade; porém, se for o caso, Himma continuaria disposto a reconhecer que se trata de uma conduta ordinária em sua comunidade S? Faria sentido que outros cidadãos se insurgissem contra essa decisão? Eles teriam razão? Com base em quê? Com essas indagações, eu apenas quero indicar que se, em tal comunidade ações fundamentalmente arbitrárias conseguem se manter sem que faça sentido criticá-las, talvez realmente não faça sentido reconhecê-las como jurídicas. Himma pretende fornecer um exemplo contra fático da *possibilidade* de um sistema jurídico em que não exista a alegação de autoridade – e com isso derrubar a Tese da Autoridade Alegada. Ele consegue fazer isso? Creio que não.

Ao final das objeções de Dworkin e Himma, a teoria de Raz permanece intocada. Creio que tais críticas fracassam por não ter sido detectada a divergência entre concepções de prática social como racionalidade e como fato. Ao ignorarem que a normatividade do direito precisa ser moral e externa ao direito na teoria raziana, as críticas fracassaram por não conseguir criar exemplos que incorporem adequadamente essa dimensão do positivismo raziano. A crítica à Tese da Autoridade Alegada sob o viés da falta de necessidade de alegação pelos agentes públicos depende necessariamente de uma concepção determinada sobre a normatividade da prática social; algo que passa desapercebido pelos autores envolvidos.

3.4. Crítica às razões exclusionárias – obediência cega

Um argumento que também merece destaque é aquele que visa denunciar como inadequada a concepção de autoridade pressuposta à noção de regras exclusionárias. Dworkin considera que a teoria raziana, fundada na noção de normas como razões protegidas para a ação, endossa uma postura de deferência à autoridade que descreve mal como as pessoas se relacionam com autoridades práticas. Acusa-se a teoria raziana de presumir que os sujeitos fazem avaliações morais robustas apenas para decidir se devem ou não se submeter a uma autoridade. Contudo, se o sujeito opta por reconhecer uma autoridade legítima, lhe entrega permissão irrestrita (um cheque em branco) para estabelecer qualquer tipo de diretriz.[373]

> "Essa noção sobre a natureza e sentido da autoridade insiste em uma certa atitude em relação à autoridade. As pessoas precisam decidir se elas aceitam uma determinada instituição como dotada de autoridade. Elas podem tomar essa decisão ao perguntarem a si mesmas se, em geral, a instituição está melhor posicionada do que elas para pesar razões. Se elas considerarem que a autoridade está melhor posicionada, então elas deveriam aceitar a instituição como uma autoridade exclusionária. Certamente elas não podem realizar esse questionamento e se decidirem de forma retrospectiva, ao se perguntar em um caso concreto se a decisão tomada pela autoridade é realmente melhor do que a que teria sido tomada por elas mesmas. Fazer isso subverteria o próprio sentido da autoridade, porque as pessoas teriam que considerar e pesar as razões morais de fundo para decidir se elas deveriam aceitar uma decisão particular como substituta daquelas razões de fundo. Elas precisam decidir de maneira abstrata e prospectiva. [....] Essa é uma noção coerente do sentido da autoridade. Contudo, ela pressupõe um grau de deferência em relação à autoridade jurídica que quase ninguém possui nas democracias modernas." [374]

Essa crítica é partilhada por Stephen Perry, para quem a diretriz de uma autoridade não opera da mesma maneira no raciocínio prático de um ignorante no assunto do que na de uma pessoa que possui familiaridade com as razões de primeira ordem envolvidas na ação. Segundo Perry, apenas o ignorante completo poderia ter o grau de deferência que Raz presume em sua noção de regras exclusionárias; um modelo que não captura adequadamente o raciocínio prático do iniciado. Uma concepção adequada de autoridade prática deveria levar em conta as diferentes formas de raciocínio prático que decorrem de diferentes limitações epistêmicas.[375]

373 DWORKIN, Ronald. *Justice in Robes*. Cambridge : Harvard University Press, 2006, p. 204.

374 *Ibid.*, pp. 205-206.

375 PERRY, Stephen. "Second-Order Reasons, Uncertainty and Legal Theory". *In: California Law Review*, Vol. 62, No 3 & 4, 1989, pp.913-994, p. 931-944.

Segundo Perry, alguém familiarizado com as razões dependentes poderia abandonar a diretriz da autoridade a partir do momento em que tivesse uma dúvida razoável a respeito da qualidade da decisão tomada, mas ainda assim ter uma atitude geral de respeito àquela autoridade. Porém, creio que o argumento de Perry fracassa por restringir o seu grupo de *iniciados* a juízes. Não creio que essa foi uma escolha deliberada, mas todos os seus exemplos de um raciocínio prático não-exclusionário são desenvolvidos com base em juízes aplicando normas e precedentes.[376] Ao transportar a noção de razões exclusionárias para o campo da adjudicação, Perry deixa de fazer objeções à teoria raziana.

A noção de razão protegida para a ação é uma teoria sobre o conhecimento do conteúdo da norma, não sobre sua aplicação. Raz concederia prontamente que um juiz deve seguir valores morais para aplicar a diretriz que podem gerar dificuldades e dúvidas, mas que não dizem respeito a saber qual é o conteúdo da regra geral.

Dworkin, porém, não comete esse erro. Em sua crítica, ele emprega o raciocínio prático de alguém familiarizado com as razões dependentes, mas que precisa *seguir* a norma jurídica, e não *aplicá-la*. Ele utiliza do exemplo do Presidente Lincoln ter suspendido o *habeas corpus* durante a guerra civil, mas que o fez levando em conta justamente as razões dependentes da regra constitucional que confere essa competência ao Congresso. "Licoln não negou a autoridade da Constituição ao tomar sua decisão; ele simplesmente pesou essa autoridade contra outras razões do tipo que os constituintes também haviam levado em conta e que mantinham vitalidade. Licoln descobriu que essas últimas eram, sob as circunstâncias, fortes o suficiente para sopesar a última."[377]

O exemplo é ambíguo e pode ser lido de duas maneiras. É possível entender que Lincoln agiu de maneira juridicamente incorreta, mas moralmente correta; bem como que Lincoln agiu de maneira juridicamente correta. Em uma leitura, Lincoln age contrariamente ao texto constitucional, mas de maneira moralmente correta. Nesse caso, a moralidade ofereceu razões mais fortes para a ação do que o direito:

[376] *Ibid*, pp. 965-970.

[377] DWORKIN, Ronald. *Justice in Robes*. Cambridge: Harvard University Press, 2006, p. 206. O exemplo lembra muito o caso brasileiro de Ruy Barbosa ter queimado os registros de escravidão para viabilizar a abolição da escravidão ao frustrar o pleito de indenização dos proprietários de escravos.

Lincoln sabia exatamente o que a Constituição lhe pedia, mas entendeu não ser o caso de seguir sua diretriz, abandonando a sua autoridade para ditar sobre aquele caso concreto. A outra forma de ler o exemplo – e que parece ser a mais coerente com a teoria dworkiniana – é que Lincoln agiu de acordo com a autoridade da constituição, justamente indagando sobre o sentido da norma sobre suspensão do *habeas corpus* para compreender, por meio de um esforço interpretativo, se a Constituição Norte-Americana lhe autorizava a agir daquela maneira.

Se considerarmos que Lincoln agiu de maneira ilegal, mas correta (como sugere a primeira leitura), então não há desafio para a teoria raziana. Na verdade, essa leitura condiz exatamente com o que Raz sugere: que o direito muitas vezes não fornece boas razões para a ação e, sendo assim, não merece ter autoridade sobre seus sujeitos. Porém, a leitura que considera que Lincoln agiu de acordo com a Constituição, ou seja, legalmente, impõe sim um desafio para a teoria de Raz. Essa concepção, porém, precisa aceitar que o direito tenha normas implícitas que possam ser pensadas de maneira sistemática junto com normas explícitas. Isso não parece ser possível sem que se presuma que o conteúdo das regras jurídicas são conhecidas e ditam a ação de modo semelhante a jogos lúdicos; algo que conduz inevitavelmente à questão da força normativa das práticas sociais. Há um embate entre as concepções de prática como fato e prática como racionalidade.

Não é possível avançar nesse debate sem resolver a questão da premissa; mas, infelizmente, a raiz dessa divergência passou largamente despercebida. Perry comete esse equívoco e imputa a Raz a adoção de uma concepção de prática social semelhante à de Dworkin. Segundo ele, "é digno de nota que a metodologia de Raz detém uma semelhança significante com a de Dworkin, uma vez que ao adotar a abordagem institucional ele está, como Dworkin, concentrando-se sobre a concentração de certos tipos de 'práticas sociais' existentes"[378], supondo ainda que Raz partilha de uma concepção de prática social pela qual "qualquer interpretação de uma prática social precisa atribuir algum sentido (*point*) ou finalidade (*purpose*) a ela"[379]. Perry chega ao ponto de afirmar que a

[378] PERRY, Stephen. "Second-Order Reasons, Uncertainty and Legal Theory". *In: California Law Review*, Vol. 62, No 3 & 4, 1989, pp.913-994, p. 947.
[379] *Ibid*, p. 948.

investigação raziana da natureza do direito é uma atividade idêntica à de explicar a prática social à sua melhor luz.[380]

Impressiona o fato de que Perry não fornece nenhuma fundamentação para essas afirmações que conflitam frontalmente com os pressupostos de Joseph Raz. Há apenas uma única nota de rodapé, mas que faz referência a algumas páginas de *Law's Empire* de Dworkin.[381] Por esse motivo é que Perry ignora a distinção que Raz faz entre conhecer e aplicar uma norma.[382] Parte-se de um pressuposto a respeito da normatividade de uma prática social. Esse erro parece ser partilhado pelos autores trazidos ao longo deste capítulo.

3.5. Crítica epistemológica – O aguilhão semântico

O nível mais fundamental de crítica à teoria raziana é aquela que a considera equivocada em sua finalidade. Certos autores indicaram motivos pelos quais acreditam que Raz necessita realizar esforços de análise conceitual, porém o maior crítico da teoria raziana nesse campo é Ronald Dworkin. No oitavo capítulo de *Justice in Robes*, Dworkin desenvolve uma crítica que retoma e condensa argumentos presentes no texto *Model of Rules II* e no livro *Law's Empire*.[383]

Em primeiro lugar, Dworkin retoma sua famosa acusação de que Raz sofre com o aguilhão semântico, ou seja, que comete o equívoco filosófico de supor que as "condições de verdade dos enunciados jurídicos [...] dependem de uma prática [linguística] convergente" de algum tipo.[384] Não tenho a intenção de aprofundar as diversas concepções pelas quais essa crítica é lida e compreendida, mas apenas indicar que Dworkin emprega a noção de *condições de verdade dos enunciados jurídicos* partindo da premissa de que o direito é uma prática social argumentativa e que

380 *Ibid*, p. 949.

381 *Ibid*, p. 947.

382 O Próprio Raz refuta essa interpretação diretamente em "FacingUp", p. 1201, Nota de rodapé nº 103. *Cf.* Raz, Joseph. "Facing Up: A reply". *In: Southern California Law Review*. Vol. 62, March-May, 1989, numbers 3 & 4, p. 1153 ss.

383 Como o meu interesse diz respeito à natureza dos argumentos de crítica e não quanto ao seu conteúdo específico, não tentarei explicar os detalhes dos conceitos empregados por Dworkin para criticar Raz.

384 *Cf.* Dworkin, Ronald. *Justice in Robes*. Cambridge: Harvard University Press, 2006, pp. 225-226.

o principal uso do conceito de direito é intepretativo.[385] Sob essa perspectiva dworkiniana, as condições de verdade estão diretamente ligadas ao uso correto do conceito, ou seja, não permitem a separação entre conhecer o conteúdo e saber aplicá-lo dentro de uma prática social que dá sentido a esses enunciados. Para Dworkin, o fato do direito ser uma prática social argumentativa é um aspecto central do objeto, que explica porquê juristas entram em desacordos teóricos a respeito do conteúdo-aplicação de normas jurídicas.[386]

Sendo assim, a crítica do aguilhão semântico depende da premissa de que o direito é uma prática social que, enquanto fato, é capaz de gerar razões para a ação. Mas, se essa premissa estiver correta, a teoria raziana colapsa sem que seja necessário recorrer ao argumento do aguilhão.[387] Se Raz fosse convencido a aderir à concepção de prática como racionalidade, ele provavelmente concordaria com Dworkin. Sua teoria de que juízes utilizam *poderes dirigidos* para desenvolver o direito no caso de lacunas e ambiguidade, é uma decorrência direta de uma visão de mundo na qual conhecer o conteúdo de uma norma jurídica não se confunde com saber aplicá-la. O que está em jogo não é discutir sobre o que os juízes discordam.[388] Para Raz, juízes têm dúvidas sobre como aplicar

385 Nesse uso de conceitos desse tipo, pessoas que discordam da aplicação de um conceito, como o de justiça, "compartilham o conceito porque elas participam de uma prática social de julgar atos e instituições como justas ou injustas, e porque cada uma delas possui opiniões, articuladas ou inarticuladas, a respeito de como as premissas mais básicas daquela prática, seu sentido (*point*) e finalidade (*purpose*), deveriam ser compreendidas. Elas derivam dessas premissas opiniões mais concretas a respeito do modo correto de continuar a prática em situações específicas [...]". *Ibid.,*, p. 224. Vide, também, Dworkin, Ronald. *Law's Empire*. Cambridge: Harvard University Press, 1986, capítulos 1 e 2.

386 *Ibid. Law's Empire*. Capítulo 1.

387 Como visto nos dois primeiros capítulos deste livro, Raz concede com facilidade que se a teoria do direito envolver uma teoria da aplicação correta, a Tese das Fontes Sociais seria absolutamente inadequada.

388 Apenas para fins de ilustração, com base no debate promovido por Dworkin no primeiro capítulo de *Law's Empire*, se no caso *Brown*, Dworkin enxerga juízes debatendo sobre os limites da exigência constitucional de igualdade, Raz enxerga juízes tentando criar uma norma jurídica a partir das considerações extrajurídicas que o sistema normativo lhes direciona a utilizar, com uma divergência esperada. No caso *Snail Darter*, enquanto Dworkin enxerga juízes que discordam se o conteúdo da norma é dado por sua leitura a-contextual, para Raz todos os juízes sabem que a norma exige a suspensão da construção da barragem, mas têm dúvidas se devem aplicá-la em vista do contexto. Nesse caso, divergem sobre o que devem fazer como juízes: tem dúvidas se e como devem aplicar a norma.

determinadas normas porque o direito não lhes dá apenas uma resposta sobre o que fazer, mas várias. Como essas diversas respostas são por vezes incoerentes entre si, não espanta que as decisões dos juízes também o sejam. Sendo assim, na divergência entre Raz e Dworkin a respeito da natureza das divergências entre juristas repousa outra divergência: as normas jurídicas devem ser lidas de maneira coerente e consistente, exigindo uma resposta correta? Para Raz, isso faz sentido em um jogo lúdico, mas não em algo como o direito. A natureza da divergência é, portanto, um desacordo entre a noção de prática social e sua normatividade.

3.6. Crítica epistemológica – conceitos e intencionalidade

Dworkin critica também os critérios utilizados por Raz para reconhecer a existência do direito em dada sociedade. O filósofo refuta que a existência do direito possa depender do fato dos agentes públicos alegarem ou não autoridade. Além disso, critica Raz por confiar na percepção dos agentes sobre o que estão fazendo para descrever essa ação. Ele ilustra seu argumento com o exemplo de uma comunidade na qual é unânime a ideia de que pagar impostos é uma ofensa à liberdade, para indicar que mesmo em tais casos não haveria barreiras para identificar que essas pessoas empregam mal (de maneira equivocada) o conceito de liberdade. Dworkin não vê razões para imunizar os agentes públicos dessa possível confusão e imputa a Raz um "otimismo" sem fundamentos.[389]

Mais uma vez, a teoria raziana pode rejeitar a crítica em função do exemplo utilizado. Algumas ações dependem de uma certa intencionalidade. Utilizando os exemplos de Raz, não é possível que uma comunidade troque presentes sem que seus membros tenham o conceito de "presente", mas uma comunidade pode ser livre sem que o conceito ou a ideia de liberdade seja conhecida. É possível olhar para o passado e reconhecer que uma sociedade sem o conceito de liberdade, era livre.[390] No caso do direito, os autores divergem sobre a necessidade de uma intencionalidade específica. O que explica essa divergência?

Aos olhos de Dworkin, o posicionamento de Raz é oriundo de problemas na sua metodologia de análise conceitual: ou ele comete um

[389] *Cf. Ibid.*, *Justice in Robes*, p. 202.
[390] *Cf. BAI-CTBTL*, p. 42.

equívoco grosseiro ao tentar descrever o direito de maneira relevante, ou sua ambição é muito mais restrita e irrelevante. No primeiro caso, Raz incidiria no equívoco de não distinguir o uso *sociológico* do *doutrinal* de direito. Enquanto o conceito sociológico é abstrato demais para conseguir identificar se certas formas de organização social são jurídicas ou não, a doutrinal, que é adequada para esse fim, requer esforço avaliativo.[391] No segundo caso, Raz talvez "não esteja interessado em defender a tese pela qual direito e deveres jurídicos podem sempre ser definidos (*ascertained*) sem reflexão moral, mas apenas consultando 'fontes', por uma questão conceitual", apenas realizar a atividade "taxonômica"[392] de criar categorias, sem qualquer implicação sobre a prática.[393]

Toda essa crítica metodológica está baseada na ideia de que a investigação raziana sobre a natureza do direito depende de uma investigação sobre as *características essenciais do conceito* de direito. Porém, na minha interpretação, Raz deixa muito claro que conhecer a natureza do direito é uma tarefa prioritária e distinta de conhecer o conceito de direito. Dworkin fundamenta seu argumento com base no texto de Raz *Can There Be a Theory of Law?*. Porém, algumas páginas para frente das referenciadas por Dworkin[394], o texto contém proposições que contradizem essa impostação. Para Raz, uma pessoa é capaz de explicar um conceito sem ter conhecimento sobre o objeto ao qual o conceito se refere; isso porque a explicação do conceito requer somente a posse das condições mínimas de aplicação do conceito.[395] Em outra oportunidade, Raz deixa claro que considera como equivocadas tanto as teorias que identificam o conceito com as palavras que as representam, quanto aquelas que iden-

[391] *Op. Cit. Justice in Robes*. pp. 227-228.

[392] Dworkin define o conceito taxonômico de direito da seguinte forma: "ele pressupõe que qualquer comunidade política que possui direito no sentido sociológico também possui uma coleção de regras e outros parâmetros que são jurídicos em oposição a outros tipos de parâmetros, como morais ou costumeiros. [...] De todo modo, não precisamos dessa ideia para lidar com a nossa questão central de se e como a moralidade integra as condições de verdade de proposições jurídicas.". *Ibid.*, p. 4.

[393] *Ibid.*, p. 238.

[394] *Ibid*, p. 227. Ele extrai trecho da versão publicada no *Blackwell Guide to Legal Philosophy* de 2005, indicando as páginas 324 e 326. Para verificar, fazendo a devida correspondência entre trechos e páginas, utilizei a versão publicada em *BAI*.

[395] *BAI-CTBTL*, p. 23.

tificam a explicação do conceito com a explicação "da natureza das coisas a respeito das quais os conceitos se referem".[396]

Há uma real incompreensão da proposta raziana. Sua análise não é sociológica: ele reconhece que necessita de valoração relevante para indicar que o ponto central do direito é sua alegação de autoridade. Ele chega a isso a partir de sua investigação a respeito da normatividade do direito que, pelos motivos expostos ao longo deste livro, precisa atender às Condições de Autoridade Explícita. Além disso, Raz não tem o objetivo de traçar uma linha divisória que seja capaz de distinguir o direito de outros sistemas normativos.[397] O que Raz pretende é entender a normatividade do direito, partindo da premissa de que o fato desse fenômeno ser praticado socialmente não fornece essa explicação.

Dennis Patterson é outro filósofo de destaque no debate contemporâneo que critica Raz por não realizar uma análise conceitual adequada. Ele reconhece que Raz busca um modelo de análise que não é conceitual, mas fundado na identificação das características necessárias e essenciais ao direito. Porém, Patterson acredita que Raz não forneceu uma justificativa adequada sobre a possibilidade de serem identificadas tais características no direito. Após essa crítica, Patterson presume que a teoria de Raz não é viável a não ser que seja capaz de esclarecer como a Tese das Fontes Sociais é plausível a partir de um exercício de análise conceitual.[398]

> "O problema com a posição de Raz é que ele não realiza argumentos que fundamentem suas alegações de necessidade. Essa não é uma omissão irrelevante, pois o sucesso da concepção de Raz a respeito da autoridade do direito depende da força de sua alegação de que o conceito de direito é especial por não ser (apenas) uma função de uso linguístico e, além disso, por se ditado (ao menos em parte) por algo além das convenções a respeito do uso da palavra. [...] Em síntese, uma concepção de conceitos é uma condição preliminar para responder a questão, 'Qual é a natureza do direito?' "[399]

[396] *BAI*, p. 19.

[397] Raz admite que nos casos limite, que fogem demais aos casos centrais, não há porquê se esforçar nessa delimitação. Isso está presente em *PRN* e *BAI*.

[398] Uma crítica semelhante.

[399] *Cf.* Patterson, Dennis. "Recent and Future Concepts of Law: From Conceptual Analysis to a Practice Theory of Law". *In:* Mootz III, Francis J. *On Philosophy in American Law*. Cambridge: Cambridge University Press, 2009, p. 226.

Por meio de poucos argumentos, Patterson revela uma perplexidade com a tentativa raziana de aliar características necessárias com o aspecto contingente do direito. Mais especificamente, "é difícil compreender como verdades necessárias podem surgir da auto-compreensão dos participantes de uma prática". [400] Porém, essa noção somente pode ser compreendida ao se perceber que, no pensamento raziano, a explicação do conceito do direito é puramente instrumental para a explicação da natureza do direito: "cabe à teoria do direito escolher (*pick*) aquelas [ideias] que são centrais e relevantes para o modo como o conceito permite que as pessoas compreendam a sociedade, desenvolvendo-as e explicando-as."[401] Como a tarefa de explicação da teoria do direito trata de "identificar fatos relevantes para nossa compreensão da sociedade (*our understanding of society*)",[402] deve-se aproveitar o fato de o conceito de direito estar "entrincheirado na auto-compreensão de nossa sociedade [...] ocupando um papel central na compreensão da nossa ou de outras sociedades".

> "Em grande medida, quando estudamos a natureza do direito estamos por estudar nossa própria auto-compreensão. [...] Faz parte da auto-compreensão da nossa sociedade considerar certas instituições como jurídicas. E essa consciência é parte do que estudamos quando investigamos a respeito da natureza do direito". [Assim, na medida em que o] "direito é um tipo de instituição social, de um tipo que é selecionada (*picked up*) – designada – pelo conceito de direito [...], ao perfeiçoar nossa compreensão sobre a natureza do direito, nós assumimos uma compreensão do conceito de direito e o aperfeiçoamos."[403]

Porém, quando Raz fala de *o* conceito de direito, ele se refere ao *nosso* conceito de direito. É a partir do nosso conceito de direito, do modo como identificamos o que seria uma instituição jurídica, que identificamos outros conceitos de direito em outras sociedades ao longo da história. Segundo Raz, identificamos outros conceitos de direito não por

[400] *Ibid*, p. 226.
[401] *EPD-ALM*, p. 237.
[402] *TAL*, p. 41.
[403] *BAI-CTBTL*, p. 31.

semelhanças de família[404]: reconhecemos como "direito" aqueles sistemas normativos que guardam relações de semelhança ou ligações histórico-sociológicas com aquilo que reconhecemos hoje como casos centrais de direito: "outros conceitos são conceitos de direito se e apenas se eles se relacionam de maneira adequada com o nosso conceito."[405] É isso que unifica, por exemplo, o conceito medieval e o conceito romano de direito como conceitos alternativos para uma mesma coisa.[406] Para Raz, todos esses sistemas normativos são identificados como "direito" porque aos nossos olhos possuem características essenciais comuns.

Patterson objeta que esse empreendimento teórico está marcado por um tipo de essencialismo/objetificação do direito, ou pior ainda, é de tal forma centrado na nossa experiência histórica local a ponto de ser incapaz de lidar adequadamente com sociedades que não possuem o (nosso) conceito de direito. [407] Essa última objeção compreende mal o que Raz entende como o *nosso* conceito de direito: o nosso conceito teria se tornado progressivamente inclusivo e capaz de abarcar (reconhecer) outras experiências sociológicas e históricas. O conceito de direito modificou-se para se tornar menos paroquial, em grande parte em razão "do nosso interesse em outras sociedades", bem como "à nossa compreensão de nós mesmos e de nossa sociedade".[408] Faz parte da ideia raziana de *nosso* conceito de direito reconhecer como jurídicas, por

[404] A respeito da noção de semelhanças de família, Raz considera que essa noção "foi desenvolvida por Wittgenstein em uma tese contra um modo excessivamente ordenado de lidar com o significado de palavras e expressões". Poucos conceitos seriam desse tipo e, conforme argumentado no capítulo 4 de *Practical Reason and Norms*, sequer o conceito de "jogo" se enquadraria nessa classificação. Assim, esse debate não influencia a investigação sobre a natureza do direito, já que não há correspondência com a explicação de um conceito. "Nós estamos investigando a tipologia de instituições sociais e não a semântica dos termos.". *BAI-CTBTL*, p. 29.

[405] *BAI-CTBTL*, p. 32.

[406] Raz descarta a abordagem de se concentrar "às opiniões comuns a respeito do que as pessoas consideravam ser o direito [...], seu papel e função [...]". Apesar de não dar maiores explicações a respeito do equívoco dessa abordagem, imagino que decorra de sua associação a um ponto de vista completamente externo, limitado por fornecer apenas percepções, mas não informações a respeito da natureza do direito. *BAI-CTBTL*, p. 32.

[407] PATTERSON, Dennis. "Recent and Future Concepts of Law: From Conceptual Analysis to a Practice Theory of Law" *In:* MOOTZ III, Francis J. *On Philosophy in American Law*. Cambridge: Cambridge University Press, 2009, p. 226.

[408] *BAI-CTBTL*, p. 32-33.

exemplo, ordens que misturam valores políticos e religiosos.[409] O nosso conceito comunica-se com o que é intuitivamente identificado como jurídico. Mas como reconhecer características essenciais em um conceito social e absolutamente contingente? A explicação de Dickson é a mais clara a esse respeito:

> "Essa abordagem não alega que sistemas jurídicos estão e estiveram presentes em todas as sociedades humanas, nem tampouco que todas as sociedades humanas pensaram o direito da mesma maneira. O ponto é apenas o seguinte: sendo que nós consideramos que há algo distintivo a respeito de certas formas de organização social que consideramos como jurídicas e, sendo que reconhecemos que ao longo da história algumas formas de organização social eram jurídicas e outras não, o único modo pelo qual nós podemos começar a investigar os traços identificadores dessa forma específica de organização social (*investigate what this particular form of social organisation is like*) e os que os distinguem de outros tipos de organização social, somente pode se dar pela tentativa de isolar e explicar essas características que são constitutivas do direito e que fazem dele o que ele é (*which make it into what it is*). Tais características não podem ser outra coisa senão as propriedades essenciais do direito, de modo que será necessariamente verdadeiro que o direito possui tais propriedades."[410]

Mais recentemente, Raz prestou uma elucidação adicional a esse respeito ao reagir a uma exposição de Patterson em um colóquio para celebrar os 20 anos da publicação de *The Morality of Freedom*. Raz afirma que, visando elucidar a auto-compreensão dos agentes, faz algo que está presente na tradição filosófica desde Bentham até Dworkin – o filósofo elucida aos agentes sociais a real natureza da atividade que realizam, algo como, "vocês não entendem o que estão fazendo, deixe-me dizer o que vocês estão fazendo de verdade".

Com isso em mente, minha tentativa de síntese da proposta raziana é a seguinte: a explicação da natureza do direito é a busca pela identificação dos traços comuns a todas as formas de organização social que consideramos jurídicas. Esses traços comuns são buscados a partir da

[409] *BAI-CTBTL*, p. 33.

[410] *Cf.* Dickson, Julie. *Evaluation and Legal Theory*. Oxford: Hart Publishing, 2001, p. 19.

experiência que informa o nosso conceito de direito que, por ser reflexiva[411], torna-se mais abrangente e inclusiva ao longo do tempo, de modo a ser capaz de abarcar sistemas em que o conceito de direito é muito distinto do nosso. A busca, portanto, não é aquela neutra e externa de identificação do que há de comum entre os sistemas que são chamados de jurídicos pelos respectivos povos. Nesse sentido, Raz não se propõe a identificar os traços mais recorrentes nos sistemas jurídicos existentes ao longo da história (já que podem se tratar de traços necessários, mas não essenciais). É um empreendimento que pode ser dividido em duas etapas: (i) o teórico observa as práticas sociais (*prática como fato*) e o modo pelo qual a sociedade compreende suas ações, e (ii) se engaja em uma tarefa de valoração a respeito de quais características são as mais relevantes e elucidativas a respeito da prática. Raz elucida essa ideia com um estudo explicativo sobre a natureza humana:

> "Uma explicação do 'ser humano' enquanto 'animal racional' [...] pode fornecer condições necessárias e suficientes para a aplicação do conceito. Contudo, é falso concluir disso que a natureza racional dos seres humanos é 'mais importante' ou mais crucial para a sua compreensão do que o fato de que são animais sexuais, por exemplo, mesmo que eles não sejam tão singulares em sua sexualidade quanto em sua racionalidade."[412]

Com esse exemplo da explicação sobre o ser humano, Raz esclarece que identificar características necessárias (verdadeiras) e mesmo singulares, não é suficiente para encontrar o que é distintivo para se compreender de maneira relevante um objeto socialmente valioso. Na leitura oferecida por Postema, na teoria raziana "os teóricos do direito devem selecionar, dentre uma lista longa e aberta de propriedades que o direito possui *por natureza*, aqueles que lhe parecem mais significativos ou relevantes a respeito do que importa" (destaque no original).[413] Como Raz adere ao que chamamos de concepção de *prática como fato*, essa seleção de características não remete a um sentido, valor, função ou "point"

[411] Ao que me recordo Raz nunca chega a usar esse termo.

[412] *BAI-TVTL*, p. 56.

[413] *Cf.* Postema, Gerald J. *Legal Philosophy in the Twentieth Century: The Common Law World.* United States of America: Springer, 2011, p. 351.

do direito;[414] mas possui capacidade de responder a certos interesses e preocupações conjunturais. Explicações a respeito da natureza do direito são realizadas para atender a "um enigma (*puzzle*), uma má teoria ou alguma preocupação intelectual do momento".[415]

Em outros termos, para Raz, "não há uma explicação única e correta de um conceito, nada que poderia ser considerada *a* explicação do conceito de direito." Há diversas explicações uma vez que conceitos possuem diversos usos. A adequação do uso a um determinado contexto é dada pela "relevância aos interesses do público esperado ou pretendido" e pelas questões problemáticas. Em síntese, uma boa explicação, além de verdadeira, deve também ser adequada ao contexto, ou seja, "(1) responder aos interesses do seu público e (2) capaz de ser compreendida pelo público como o que é".[416] É por esse motivo que Raz defende que a explicação da natureza do direito é uma tarefa infinita da teoria do direito: as preocupações que o teórico deve atender mudam constantemente e, com isso, torna-se necessário selecionar outras características relevantes à explicação.[417]

> "O conceito de direito é parte de nossa cultura e de nossas tradições culturais. Ele realiza uma função no modo pelo qual pessoas comuns, bem como juristas, compreendem as ações de terceiros e suas próprias ações. Faz parte do modo como eles 'conceitualizam' a realidade social. Todavia, a cultura e a tradição das quais o conceito faz parte não fornecem contorno ou um foco claro. Diversas ideias, por vezes conflitantes, surgem nelas. Cabe à teoria do direito escolher (*pick*) aquelas [ideias] que são centrais e relevantes para o modo como o conceito permite que as

[414] Com isso discordo plenamente de Postema que endossa esse tipo de leitura, extraindo da passagem em que Raz afirma que "compreender a natureza do direito é compreender, entre outras coisas, o ideal que o direito deve visar, bem como, compreender que pode fracassar em atingir esse ideal" (extraída do artigo "On the Nature of Law"), a conclusão de que Raz busca "descobrir, articular e tornar inteligíveis os pressupostos normativos sobre os quais a prática jurídica repousa". POSTEMA, Gerald J. *Legal Philosophy in the Twentieth Century: The Common Law World*. United States of America: Springer, 2011, p. 352. Imagino que Raz discordaria corretamente dessa descrição, pelas razões que indico no parágrafo em que se encontra esta nota de rodapé.

[415] *BAI-"On The Nature of Law"*, pp. 97-98.

[416] *BAI-TNTL*, p. 57.

[417] *BAI-"On The Nature of Law"*, p. 98. *BAI-TVTL*, pp. 57-58.

> pessoas compreendam a sociedade, desenvolvendo-os e explicando-os. [...] Teorias do direito contribuem, nesse sentido, para uma compreensão aprimorada da sociedade. Seria equivocado concluir, como D. Lyons fez, que se julga o sucesso de uma análise a respeito do conceito de direito por ser teórica e sociologicamente frutífera. Aquele que assim pensa ignora que, diferentemente de conceitos como 'massa' ou 'elétrons', 'o direito' é um conceito utilizado pelas pessoas para compreenderem a si mesmas. Nós não somos livres para escolher qualquer conceito frutífero. É uma grande missão da teoria jurídica contribuir para o avanço de nossa compreensão da sociedade, por meio da compreensão que as pessoas têm de si mesmas."[418]

Para Patterson, que se filia à concepção de *prática como racionalidade*, essas impostações simplesmente não fazem sentido, chegando a sustentar que Raz adota um tipo de epistemologia empiricista[419] – o que não me parece adequar-se ao restante de sua teoria. Para que o debate avance, é inevitável retomar a questão sobre a normatividade das práticas sociais; algo que até o momento não parece ter sido realizado.

[418] *Cf. EPD-ALM*, p. 237

[419] *Autonomy, Authority and Freedom: a 20th Anniversary Conference in Honor of Joseph Raz's – The Morality of Freedom*. Part 2: *The service Conception of Authority – Conceptual Analysis, Law and Practices of Value* (Video). Princeton University – A University Channel. October, 20, 2006. Disponível em <https://www.youtube.com/watch?v=oRLWhQb3cWg>.

CONCLUSÕES

Em 1990, Jeffrey Goldsworthy declarou que o positivismo jurídico havia se autodestruído pelas mãos de Hart e Raz. Hart teria sido o responsável por fornecer a explicação da "normatividade intrínseca do direito", enquanto Raz teria sido o responsável por explicar a natureza moral da normatividade. A conjugação dessas duas teses conduziria à conclusão anti-positivista de que a normatividade intrínseca do direito é moral e, sendo assim, teria que ser aceita a tese segundo a qual o direito é intrinsecamente e extensamente moral.[420] O erro de Goldsworthy, assim como o de tantos outros autores citados nesta tese, foi ignorar que a teoria do direito de Joseph Raz é incompatível e visa refutar a porção da teoria de Hart que defende a normatividade intrínseca do direito. Uma análise recente que padece do mesmo vício é realizada por Waldron, para quem a diferença entre as teorias de Raz e Dworkin consiste apenas em supor que a importância moral do direito pode ser identificada, respectivamente, sem ou com recurso a considerações avaliativas.[421] Sustento que a natureza deste equívoco está na ambiguidade

[420] Goldsworthy, Jeffrey D. "The Self-Destruction of Legal Positivism". *Oxford Journal of Legal Studies*, Vol. 10, No. 4 (Winter, 1990), pp. 449-486.

[421] "Aí reside o contraste. Raz pensa que o direito que faz uma diferença moral – relativa a certas demandas de um cenário moral (*background morality*)– precisa ser identificável sem a realização de qualquer juízo moral (certamente não a respeito do objeto investigado). Dworkin acreditava que o direito que faz uma diferença moral relativa a certas demandas de um cenário moral – precisam ser identificável moralmente. De certo modo, é marcante que a distinção entre posições defendidas por dois juristas tão diatralmente opostos ao longo dos

com que o termo "prática social" foi utilizado pelos autores do debate contemporâneo; mascarando uma diferença de concepções entre o que chamei de *prática como fato* e *prática como racionalidade.*

A teoria do direito de Joseph Raz desenvolve-se em torno de um objetivo: explicar a normatividade das diretrizes jurídicas, ou seja, explicar se, quando e como diretrizes jurídicas fornecem razões para a ação. Suas principais conclusões consistem em negar que essa normatividade, quando existente, esteja fundamentalmente ligada (i) ao conteúdo das regras jurídicas, bem como (ii) a qualquer convenção, conjunto de regras ou prática social. Para o filósofo, o direito como um todo, assim como cada uma das regras jurídicas, somente gera razões para agir (efetiva obrigação) se for exercido em uma relação de autoridade legítima.

Com isso, Raz indica que a normatividade do direito, quando existe, deriva de algo externo a ele: a autoridade que o poder político exerce sobre os governados. É preciso que quem esteja sujeito ao direito veja razões para agir de acordo com as diretrizes oferecidas por quem detém autoridade legítima. Porém, a teoria raziana faz uma série de exigências rigorosas para reconhecer que alguém ou alguma instituição possui autoridade legítima. Em primeiro lugar, é preciso que quem seja autoridade possua algumas condições pessoais, tais como sugeridas pela *Tese da Justificação Normal*. Porém, não é possível deduzir que exista autoridade a partir da reunião dessas condições. É preciso também que quem esteja sujeito à autoridade veja razões para aceitar as suas diretrizes, atendendo à *Condição de Autonomia*. A autoridade legítima é vista como uma relação entre pessoas, exigindo condições tanto para quem emite como para quem recebe diretrizes. A noção de autoridade dá consistência à Tese das Fontes Sociais, que não é um argumento a respeito da normatividade do direito, mas uma impostação meta-teórica que decorre da Tese da Autoridade Alegada.

Por sua vez, a Tese da Autoridade Alegada e toda a teoria do direito de Raz fundamentam-se em sua investigação a respeito da natureza das normas (jurídicas ou não) e o modo como elas afetam o raciocínio prático.

anos como Ronald Dworkin e Joseph Raz- chegue ao final a essa diferença tão nuançada". WALDRON, Jeremy. *Jurisprudence for Hedgehogs* (July 5, 2013). NYU School of Law, Public Law Research Paper No. 13-45. Disponível em: <http://www.law.yale.edu/documents/pdf/Intellectual_Life/LTW-Waldron.pdf>. Acessado em 24.09.2013.

Segundo Raz, quando um sujeito trata uma regra jurídica como uma efetiva norma, ela atua no processo deliberativo do sujeito como uma *razão protegida para a ação*. Se for esse o caso, por definição, a normatividade da diretriz não pode estar atrelada de forma central a seu conteúdo. Afinal, se uma norma é uma razão protegida para a ação, ela orienta a ação a despeito da avaliação que o sujeito pode fazer em relação à qualidade do seu conteúdo. Não cabe ao sujeito deliberar novamente a respeito das *razões dependentes* daquela regra jurídica se ela é tratada como uma razão protegida para a ação. Isso implica que a normatividade não decorre de uma avaliação sobre o conteúdo da norma, mas de se aceitar aquela norma como oriunda de uma autoridade legítima, ou seja, agir de acordo com a *intenção* veiculada na norma.

Como resultado, em certos casos, os litigantes dirigem-se aos órgãos judiciais e pleiteiam para si decisões favoráveis, mas na realidade nenhuma das partes está tutelada por uma regra jurídica. Por vezes, fará sentido pleitear um certo resultado com base no direito (determinação), enquanto em outros o esforço será de ampla persuasão do juiz (indeterminação). No caso de indeterminação, o desenvolvimento do direito é uma questão de *aplicação*, mas que nunca pode ser derivada do *conhecimento* sobre o conteúdo do direito. Contudo, essa cisão entre conhecer e saber aplicar somente é possível sob a concepção de prática como fato.

Na medida em que Raz considera que identificar a existência de prática social consiste apenas em verificar que um certo grupo de pessoas age de maneira uniforme (algo socialmente praticado), não reconhece nessa noção nenhuma capacidade normativa. Por esse motivo, a natureza do direito não poderia ser investigada do mesmo modo como se investigaria a natureza de um jogo lúdico: ambos possuem estruturas lógicas e normativas completamente distintas aos olhos de Raz. Como indicado no segundo capítulo da tese, trata-se de uma questão ontológica e não moral. Creio que antes que se resolva o debate ontológico, não é possível avançar adequadamente no debate metodológico. Não se trata de reduzir toda a controvérsia na teoria do direito aos pressupostos ontológicos, mas apenas incluí-los no debate.[422] O principal argumento

[422] A esse respeito acredito ser elucidativa a abordagem de Paul Ricoeur, que mapeia debates com a inclusão do aspecto ontológico, mas ao invés de realizar uma abordagem reducio-

deste livro é que, sem tal aprofundamento, não é possível compreender de maneira adequada a divergência entre Raz e autores relevantes como Dworkin e outros.

O debate ontológico não tem como se esgotar com incursões supérfluas sobre seus temas. A questão da natureza da prática social suscita outras dúvidas sobre a natureza da linguagem, a questão da unidade e comensurabilidade dos valores humanos, bem como do papel do valor na orientação do raciocínio prático. Não é à toa que nos últimos anos Joseph Raz enveredou-se por todos esses temas, fornecendo concepções coerentes e consistentes com sua teoria do direito e sua teoria política. Não vejo como escapar do enfrentamento dessas questões.

Por fim, acredito que o debate ontológico pode fornecer os critérios de reorientação e reclassificação das correntes teóricas. Não faz sentido agrupar as correntes teóricas a partir de suas impostações a respeito da relação entre o direito e moral, pois constituem apenas o ponto mais superficial dessas teorias. Sob certos aspectos, o positivismo de Raz está muito próximo ao jusnaturalismo de Finnis (como ambos reconhecem)[423], enquanto absolutamente distante do positivismo jurídico exclusivo de Andrei Marmor (que claramente adere à normatividade das práticas sociais).[424] É preciso, no mínimo, reconhecer uma grande divisão entre aqueles que aceitam a normatividade das práticas sociais e os que não aceitam. Sem a explicitação dessa divergência, os autores *se comportam como* pessoas em desacordos não-genuínos.

nista, mantém uma permanente tensão entre o ontológico e o epistemológico (bem à moda do que se propõe com o círculo hermenêutico). *Cf.* RICOEUR, Paul. *Form Text to Action: Essays on Hermeneutics II* Illinois: Northwestern University Press, 2007. Além disso, apesar de discordar frontalmente do seu diagnóstico a respeito da teoria de Raz e Dworkin, esse ponto teórico é colocado por Halpin, em: HALPIN, Andrew. "The Methodology of Jurisprudence: Thirty Years Off the Point". *In*: *Canadian Journal of Law and Jurisprudence*, Vol. 19, 2006, pp. 67-105.

[423] *Cf.* FINNIS, John. "Natural Law: The Classical Tradition". *In:* COLEMAN, Jules; SHAPIRO, Scott (Eds.). *The Oxford Handbook of Jurisprudence and Philosophy of Law*. Oxford: Oxford University Press, 2002; e, RAZ, Joseph. "The Argument from Justice, or How Not to Reply to Legal Positivism". *In*: PAVLAKOS, George (ed.). *Law, Rights and Discourse: The Legal Philosophy of Robert Alexy*. pp. 17-36, Oxford: Hart Publishing, 2007.

[424] *Cf.* MARMOR, Andrei. *Social conventions: from language to law*. Princeton: Princeton University, 2009; e, MARMOR, Andrei. "Legal Conventionalism". *In:* COLEMAN, Jules (ed.). *Hart's Postscript*.Oxford: Oxford University Press, 2001, pp. 193-219.

No caso, parte dos autores supõe que prática social seja um fato institucional com uma ontologia específica, enquanto a outra parte supõe que todos concordam tratar-se da constatação de um fato social. Se esse for realmente o caso, há um enorme terreno a ser descoberto e percorrido pela teoria do direito: não é tempo de reconciliação, mas de identificação das reais divergências.

REFERÊNCIAS

Amselek, Paul; MacCormick, Neil. *Controversies About Law's Ontology*. Edinburgh: Edinburgh University Press, 1991.

Andreiev, Leonidas. "A conversão do Diabo". *In:* Sepúlveda Campos, Maria do Carmo (Org.). *Contos Russos Eternos*. Rio de Janeiro: Editora Bom Texto, 2004, pp. 215-255.

Anscombe, G. E. M. "Modern Moral Philosophy". In: *Philosophy*, Vol. 33, No. 124 (Jan., 1958), pp. 1-19. Cambridge University Press. Disponível em: <http://www.jstor.org/discover/10.2307/3749051?uid=2&uid=4&sid=21104992047933>. Acessado em 27/02/2013.

Batnitzky, Leora. "A Seamless Web? John Finnis and Joseph Raz on Practical Reason and the Obligation to Obey the Law". In: *Oxford Journal of Legal Studies*, Vol. 15, No. 2 (Summer, 1995), pp. 153-175. Oxford University Press. Disponível em: <www.jstor.org/stable/764653>. Acessado em 15/05/2013.

Baumann, Peter; Betzler, Monika.(Eds.). *Practical Conflicts: New Philosophical Essays*. Cambridge: Cambridge University Press, 2004.

Bevir, Mark. *A Lógica da História das Ideias*. Gilson César Cardoso de Sousa (trd.). Bauru, SP: Edusc, 2008.

Bertea, Stefano. "MacCormick's Latest Views of Legal Reasoning and the Positivist Concept of Law". In: *Law and Philosophy*. Vol. 22, n. 06, 2003. 513-535. Disponível em: <http://www.jstor.org/discover/10.2307/3505042?uid=2&uid=4&sid=21104992047933>. Acessado em 03/07/2013.

______. "On Law's Claim to Authority". In: *Northern Ireland Legal Quarterly*, Vol. 55, pp. 396-413, 2004 . Disponível em: <http://papers.ssrn.com/sol3/papers.cfm?abstract_id=2112928>. Acessado em 03/07/2013.

______. "Remarks on a Legal Positivist Misuse of Wittgenstein's Later Philosophy". In: *Law and Philosophy*. Vol. 22, n. 06, 2003. 513-535. Disponível em: <http://www.jstor.org/discover/10.2307/3505042?uid=2&uid=4&sid=21104992047933>. Acessado em 03/07/2013.

Berti, Enrico. *As razões de Aristóteles*. São Paulo: Loyola, 2002 (2. ed.).

Bix, Brian. "Raz on Necessity". *In*: E. Fossum and A. Menendez (eds.). *The Post-Sovereign Constellation*. Oslo: Arena, 2008, 87-107. Disponível em: <http://papers.ssrn.com/sol3/papers.cfm?abstract_id=2112930>. Acessado em 03/07/2013.

______. "Legal Positivism". *In*: Golding, M. P.; Edmundson, W. A. (Eds.).*The Blackwell Guide to the Philosophy of Law and Legal Theory*. Oxford: Blackwell Publishing, 2005,

______. "Can Theories of Meaning and Reference Solve the Problem of Legal Determinacy?". *In*: *Ratio Juris*. Vol. 16 No. 3 September 2003 (pp. 281–295).

______. "Raz on Necessity". In: *Law and Philosophy*, Vol. 22, No. 6 (Nov., 2003).

Burley, Justine (ed.). *Dworkin and his Critics*. United States of America: Blackwell Publishing Ltd., 2005.

Burton, Steven. *The Path of the Law and Its Influence: the legacy of Oliver Wendell Holmes Jr*. New York: Cambridge University Press, 2000.

______. "Law as Practical Reason". In: *Southern California Law Review*, Vol. 62, March-May, 1989, numbers 3 & 4, p. 747 ss.

Carvalho, Marcelo Silva de. *Imagem e Dissolução: entre as investigações e da certeza*. Luiz Henrique Lopes dos Santos (orientador). Tese apresentada ao Programa de Pós-Graduação em Filosofia, do Departamento de Filosofia da Faculdade de Filosofia, Letras e Ciências Humanas da Universidade de São Paulo, para obtenção do título de Doutor em Filosofia. São Paulo, 2006.

Chaw, Peter S. C.. "Raz on the Methodology of Jurisprudence". *In: Law and Philosophy*, Vol. 29, pp. 231-242, jan. 2010. Disponível em: <DOI 10.1007/s10982-009-9059-9>. Acessado em 04/07/2013.

Cohen, Marshall (ed.). *Philosophy and Society: Ronald Dworkin and Contemporary Jurisprudence*. United States of America: Rowman & Allanheld, 1983.

Coleman, Jules (ed.). *Hart's Postscript: Essays on the Postscript to The Concept of Law*. New York: Oxford University Press, 2005.

______. *The Practice of Principle: in defence of a pragmatist approach to legal theory*. New York: Oxford University Press, 2001.

______. "Authority and Reason". *In:* GEORGE, R (Ed.). *The Autonomy of Law*, Oxford: Clarendon Press, 1996.

COLEMAN, Jules; SHAPIRO, Scott (ed.). *The Oxfor Handbook of Jurisprudence & Philosophy of Law*. New York: Oxford University Press, 2004.

COYLE, Sean. "Hart, Raz and the Concept of a Legal System". *In: Law and Philosophy*, vol. 21: 275–304, 2002.

D' ALMEIDA, Luís Duarte; EDWARDS, James; DOLCETTI, Andrea (ed.). *Reading HLA Hart's: The Concept of Law*. Oxford and Portland, Oregon, 2013.

DARE, Tim. "Wilfrid Waluchow and the Argument from Authority". Review of *Inclusive Legal Positivism* by Wilfrid Waluchow. *In: Oxford Journal of Legal Studies,* Vol. 17, No. 2 (Summer, 1997), pp. 347-366. Disponível em: <www.jstor.org/stable/764595>. Acessado em 10/10/2013.

DE JONG, Huib M.; WERNER, Wouter G.. "Continuity and Change in Legal Positivism". *In: Law and Philosophy*, Vol. 17, No. 3, Laws, Institutions, and Facts (May, 1998), pp. 233-250. Disponível em: <www.jstor.org/stable/3504880>. Acessado em 16/06/2014.

DICKSON, Julie. "Law and Its Theory: a Question of Priorities". *In:* GEORGE, Robert P. (Ed.). *Reason, Morality and Law*.Oxford: Oxford University Press, 2013.

______. *Evaluation and Legal Theory*. Oxford: Hart Publishing, 2001.

DIMOULIS, Dimitri. *Positivismo Jurídico: introdução a uma teoria do direito e defesa do pragmatismo jurídico-político*. São Paulo: Método, 2006.

DWORKIN, Ronald. *Justice in Robes.* Cambridge: Harvard University Press, 2006.

______. "*On Gaps in the Law*". *In:* AMSELEK, Paul; MACCORMICK, Neil. *Controversies About Law's Ontology*. Edinburgh: Edinburgh University Press, 1991.

______. *Law's Empire*. Cambridge: Harvard University Press, 1986.

______. *Taking Rights Seriously*. Cambridge: Harvard University Press, 1977

______ (ed.). *The Philosophy of Law*. New York: Oxford University Press, 1977.

EDMUNDSON, Willian A (Ed.). *The Blackwell Guide to the Philosophy Law and Legal Theory*. United States of America: Blackwell Publishing Ltd., 2009.

______ (Ed.). The Duty to Obey the Law – selected Philosophical Readings. United States of America: Rowman & Littlefield Publishers, Inc, 1999.

______. "Rethinking Exclusionary Reasons: A Second Edition of Joseph Raz's "Practical Reason and Norms"" Review of Practical Reason and

Norms by Joseph Raz. *In: Law and Philosophy*, Vol. 12, No. 3 (Aug., 1993), pp. 329-343. Disponível em: <http://www.jstor.org/stable/3504852>. Acessado em 15/03/2013.

EHRENBERG, Kenneth M. "Law's Authority is not a Claim to Preemption". *In:* WALUCHOW, Will; SCIARAFFA, Stefan. *Philosophical Foundations of the Nature of Law*. Oxford, UK: Oxford University, 2013.

FINNIS, John. Philosophy of law. New York: Oxford University, 2011.

______. *Reason in Action – collected Essays: Volume I*. New York: Oxford University Press, 2011.

______. "Natural Law: The Classical Tradition". *In:* COLEMAN, Jules; SHAPIRO, Scott (Eds.). *The Oxford Handbook of Jurisprudence and Philosophy of Law*. Oxford: Oxford University Press, 2002.

______. "On the Incoherence of Legal Positivism". *In: Notre Dame Law Review*, Propter Honoris respectum, Vol. 75, Issue 5, 2000, p. 5. Disponível em: <http://scholarship.law.nd.edu/ndlr/vol75/iss5/>. Último Acesso em 20/10/2014.

______. *Natural Law and Natural Rights*. Oxford: Clarendon Press, 1980.

FITZPATRICK, Willian J.. "The Practice of Value". Review of The Practice of Value by Joseph Raz. *In*: *Chicago Journals, Ethics*, Vol. 116, No. 4 (July 2006), pp. 805-809. The University Chicago Press. Disponível em: <http://www.jstor.org/stable/10.1086/504631.>. Último Acesso em 11/10/2013.

FULLER, Lon L. "The Positivism and Fidelity to Law: A Reply to Professor Hart". In: *Harvard Law Review*, Vol. 71, No. 4 (Feb., 1958), pp. 630-672. Disponível em: <www.jstor.org/stable/1338226>. Último Acesso em 11/02/2014.

GAIDO, Paula. "Some Problems with Robert Alexy's Account of Legal Validity: The Relevance of the Participant's Perspective". In: *Ratio Juris*. Vol. 25 No. 3 September 2012 (pp. 381–92).

______. "The Purpose Of Legal Theory: Some Problems With Joseph Raz's View". *In: Law and Philosophy*, Vol. 30, pp. 685-698, Nov. 2011. Disponível em: <DOI 10.1007/s10982-011-9107-0>. Acessado em 10/02/2014.

______. "The Scope of the Participant's Perspective in Joseph Raz's Theory of Law". *In: Canadian Journal of Law and Jurisprudence*, Vol. XXV, No. 2 (July 2012).

GANS, Chaim. "Mandatory rules and exclusionary reasons". *In: Philosophia*, January 1986, Volume 15, Issue 4, pp 373-394. Disponível em

<www.link.springer.com/article/10.1007%2FBF02380229>. Acessado em 03/10/2013.

GAVISON, Ruth (ed.). *Issues in Contemporary Legal Philosophy: the influence of H. L. A. Hart*. New York: Oxford University Press, 1989.

______. "Natural Law, Positivism, and the Limits of Jurisprudence: A Modern Round". Review of The Authority of Law: Essays in Law and Morality by Joseph Raz; Natural Law and Natural Rights by John Finnis. *In: The Yale Law Journal*, Vol. 91, No. 6 (May, 1982), pp. 1250-1285. Disponível em: <http://www.jstor.org/stable/796053>. Último Acesso em 11/03/2014.

GEAREY, Adam. "The Poetics of Practical Reason: Joseph Raz and Philip Larkin". *In: Law and Literature*, Vol. 19, No. 3 (Fall 2007), pp. 377-400. University of California Press. Disponível em: <www.jstor.org/stable/10.1525/lal.2007.19.3.377>. Acessado em 15/03/2013.

GEORGE, Robert P. (ed.). *The Autonomy of Law: essays on legal positivism*. New York: Oxford University Press, 2005.

GLEZER, Rubens E. "Hermenêutica e Realidade: o debate metodológico entre Hart, Dworkin e Raz". *Revista FIDES*, Vol. 1, nº 2, 2010, pp. 259-270.

GOLDSWORTHY, Jeffrey D.. "The Self-Destruction of Legal Positivism". *In: Oxford Journal of Legal Studies*, Vol. 10, No. 4 (Winter, 1990), pp. 449-486. Disponível em: <http://www.jstor.org/stable/764484?origin=JSTOR-pdf&>. Acessado em 10/08/2009.

GREEN, Leslie. "Law, Legitimacy and Consent". *In: Southern California Law Review*, Vol. 62, March-May, 1989, numbers 3 & 4.

GREENWALT, Kent. "Legitimate Authority and the Duty to Obey". *In:* EDMUNDSON, William A. (Ed.). *THE DUTY to obey the law: selected philosophical readings*. Lanham: Rowman & Littlefield, 1999.

GRISEZ, Germain. "O Primeiro Princípio Da Razão Prática (1965)". José Reinaldo Lima Lopes (trd.). In: *Revista Direito GV* 6, v.3, n. 2, pp. 179-218, jul-dez 2007. Disponível em: <www.direitosp.fgv.br/publicacoes/revista/edicao/revista-direito-gv-6>. Acessado em 21/10/2013.

GUEST, Stephen (ed.). *Positivism Today*. United States of America: Dartmouth Publishing Company Limited, 1996.

______. *Ronald Dworkin*. Stanford: Stanford University Press, 1992, (2012, 2ª ed.).

HALPIN, Andrew. "The Methodology of Jurisprudence: Thirty Years Off the Point". *In: Canadian Journal of Law and Jurisprudence*, Vol. 19, 2006, pp. 67-105.

HART, H. L. A. *The Concept f Law*. 2nd Edition. Oxford: Oxford University Press, 1961 (1st ed.), 1994, (2nd ed.).

______. *Essays on Bentham:* studies in jurisprudence and political theory. Oxford: Clarendon, 1982.

HIMMA, Kenneth Einar. *The Nature of Law: Philosophical Issues in Conceptual Jurisprudence and Legal Theory*. Seattle: Foundation Press, 2011.

______. "Just 'Cause You're Smarter than Me Doesn't Give You a Right to Tell Me What to Do: Legitimate Authority and the Normal Justification Thesis". *In: Oxford Journal of Legal Studies*, Vol. 27, No. 1 (2007), pp. 121–150. Disponível em: <doi:10.1093/ojls/gql013>. Acessado em 10/10/2013.

______. "Final Authority to Bind with Moral Mistakes: On the Explanatory Potential of Inclusive Legal Positivism". *In: Law and Philosophy*, Vol. 24, No. 1 (Jan., 2005), pp. 1-45. Disponível em: <www.jstor.org/stable/30040334>. Acessado em 10/10/2013.

______. "Inclusive Legal Positivism". *In:* COLEMAN, Jules; SHAPIRO, Scott. *The Oxford Handbook of Jurisprudence & Philosophy of Law*. Oxford: Oxford University Press, 2002.

______. "The Instantiation Thesis and Raz's Critique of Inclusive Positivism". *In: Law and Philosophy,* Vol. 20, No. 1 (Jan., 2001), pp. 61--79. Disponível em: <www.jstor.org/stable/3505051>. Acessado em 11/10/2013.

______. "Law's Claim of Legitimate Authority". *In:* COLEMAN, Jules (ed.). *Hart's Postscript*. Oxford: Oxford University Press, 2001.

HOLMES, Stephen. *Passions and Constraints*. Chicago: University of Chicago Press, 1995.

HUSA, Jaakko; VAN HOECKE, Mark (ed.). *Objectivity in Law and Legal Reasoning – European Academy of Legal Theory Series – n. 1*. Oxford: Hart Publishing 2013.

KENNY, Anthony. *Wittgenstein*. Cambridge: Harvard University Press, 1973 (2nd ed., 2006).

KORSGAARD, Christine M. *The Constitution of Agency: Essays on Practical Reason and Moral Psychology*. New York: Oxford University Press, 2008.

______. *Creating the Kingdom of Ends*. New York: Oxford University Press, 1996.

KRAMER, Matthew H. *In defense of legal positivism:* law without trimmings. New York: Oxford University Press, 1999.

KRAMER, Matthew H.; GRANT, Claire; COLBURN, Ben; HATZISTAVROU, Antony (et.). *The Legacy of H.L.A. Hart Legal, Political, and Moral Philosophy*. New York: Oxford University Press, 2008.

LACEY, Nicola. *A Life of H. L. A. Hart: Between the Nightmare and the Noble Dream*. Oxford and New York: Oxford University Press, 2006.

LANGLINAIS, Alex; LEITER, Brian. "The Methodology of Legal Philosophy". In: H. CAPPELEN, T. GENDLER, & J. HAWTHORNE (eds.). *Oxford Handbook of Philosophical Methodology*. Public Law Working Paper, n. 407, 2013. Disponível em: <http://ssrn.com/abstract=2167498>. Acessado em: 20/12/2013.

LEITER, Brian. "Realism, Hard Positivism, and Conceptual Analysis". *In: Legal Theory*. Vol. 04. Issue 4. Cambridge: Cambridge University Press, 1998, pp. 533-547.

LEITER, Brian (ed.). *Objectivity in Law and Morals*. Cambridge: Cambridge University Press, 2001.

LIVET, Pierre. *As Normas: Wittgenstein, Leibniz, Kelsen, Aristoteles*. Tradução de Fábio dos Santos Creder Lopes. Petrópolis: Editora Vozes, 2009.

LOPES, José Reinaldo de Lima. *Naturalismo Jurídico no Pensamento Brasileiro*. Tese apresentada ao Concurso de Professor Titular – Departamento de Filosofia e Teoria Geral do Direito da Faculdade de Direito da Universidade de São Paulo. 2012.

______. "Entre a teoria da norma e a teoria da ação". In: STORCK, Alfredo C.; LISBOA, Wladimir B. *Norma, Moralidade e interpretação: temas de filosofia política e do direito*. Porto Alegre: Ed. Linus, 2009, pp. 43-80.

______. *As Palavras e a lei*. Editora 34 e EDESP, 2004.

______. "Juízo Jurídico e a Falsa Solução dos Princípios e das Regras". *In: Revista de informação legislativa*, v. 40, n. 160, p. 49-64, out./dez. 2003. Disponível em: <http://www2.senado.leg.br/bdsf/item/id/901>. Último Acesso em 20/10/2013.

______. "Hermenêutica e Completude do Ordenamento". *In: Revista de informação legislativa*, v. 26, n. 104, out./dez. 1999.

LYONS, David. "The Authority of Law: Essays on Law and Morality". Review of The Authority of Law by Joseph Raz. *In: The Philosophical Review*, Vol. 91, No. 3 (Jul., 1982), pp. 461-465. Duke University Press. Disponível em: <http://www.jstor.org/stable/2184700>. Último Acesso em 11/03/2014.

MACCORMICK, Neil. *H. L. A. Hart*. Cláudia Santana Martins (trd.). Rio de Janeiro: Elsevier, 2010.

______. *Institutions of Law: an essay in legal theory*. Oxford and New York: Oxford University Press, 2007.

______. "Preface". In: *Southern California Law Review*, Vol. 62, March-May, 1989, numbers 3 & 4, p. 743 ss.

______. "Contemporary Legal Philosophy: The Rediscovery of Practical Reason". In: *Journal of Law and Society*, Vol. 10, n. 1, 1983.

MacCormick, Neil; RAZ, Joseph. "Voluntary Obligations and Normative Powers". *In: Proceedings of the Aristotelian Society*, Supplementary Volumes, Vol. 46 (1972), pp. 59-102. Disponível em: <www.jstor.org/stable/4106798>. Acessado em 13/05/2013.

MacDonald, Paulo Baptista Caruso. *Lei, Justiça e Razão em Aristóteles*. Alfredo Carlos Storck (orientador). Dissertação apresentada ao Programa de Pós-Graduação em Filosofia da Universidade Federal do Rio Grande do Sul como requisito parcial para obtenção do título de Mestre em Filosofia. Porto Alegre, 2010.

Macedo Júnior, Ronaldo Porto. *Do Xadrez à Cortesia: Dworkin e a teoria do direito contemporâneo*. São Paulo: Saraiva, 2013.

MacIntyre, Alasdair. *Whose Justice? Which Rationality?* Indiana: University of Notre Dame Press, 1988.

MARMOR, Andrei. *Social Conventions: from language to law*. Princeton: Princeton University Press, 2009.

______. "Legal Conventionalism". *In:* Coleman, Jules (ed.). *Hart's Postscript*. Oxford: Oxford University Press, 2001, pp. 193-219.

Marmor, Andrei; Soames, Scott. *Philosophical Foundations of Language in the Law*. New York: Oxford University Press, 2011.

Marshall, Richard. Interviewed

McCabe, Herbert. *On Aquinas*. London: Burns & Oates, 2008.

Meyer, Lukas H; *et al* (Eds.). *Rights, Culture, and The Law: themes from the legal and political philosophy of Joseph Raz*. Oxford: Oxford University Press, 2003.

Michelon Junior, Cláudio Fortunato. *Aceitação e Objetividade: uma comparação entre as teses de Hart e do positivismo precedente sobre linguagem e conhecimento do Direito*. São Paulo: Editora Revista dos Tribunais, 2004.

Milan, Emran. "The Curious Case of Exclusionary Reasons". *In: The Curious Case of Exclusionary Reasons*, Vol. XV, No.1 (January 2002).

Morawetz, Thomas. "Understanding Disagreement, the Root Issue of Jurisprudence: Applying Wittgenstein to Positivism, Critical Theory, and Judging". In: *University of Pennsylvania Law Review*, Vol. 141, No. 2 (Dec., 1992), pp. 371-456. em: <http://www.jstor.org/stable/3312357>. Último Acesso em 11/03/2014.

______. "The Authority of Law by Joseph Raz". *In*: *Ethics*, Vol. 91, No. 3, Special Issue: Symposium on the Theory and Practice of Representation (Apr., 1981), pp. 516-519. The University of Chicago Press. Disponível em: <http://www.jstor.org/stable/2380805>. Último Acesso em 11/03/2014.

MOOTZ III, Francis J. (ed.). *On Philosophy in American Law*. New York: Cambridge University Press, 2009.

NAGEL, Thomas. *Concealment and Exposure: and other essays*. Oxford University Press, 2002.

NINO, Carlos Santiago. *La Validez del Derecho*. Buenos Aires: Editorial Astrea de Alfredo y Ricardo Depalma, 1985.

O, NEILL, Onora (ed.). *The Sources of Normativity*. United Kingdom: Cambridge University Press, 1996.

PATTERSON, Dennis (ed.). *A Companion to Philosophy of Law and Legal Theory*. 2nd Edition. United Kingdom: Blackwell Publishing, 2010.

______. "Recent and Future Concepts of Law: From Conceptual Analysis to a Practice Theory of Law". *I:*. MOOTZ III, Francis J. *On Philosophy in American Law*. Cambridge: Cambridge University Press, 2009.

______. "Wittgenstein on Understanding and Interpretation (Comments on the work of Thomas Morawetz)". *In*: *Philosophical Investigation*.Vol. 29, No. 2, April 2006.

______. *Law & Truth*. New York: Oxford University Press, 1996.

Autonomy, Authority and Freedom: a 20th Anniversary Conference in Honor of Joseph Raz's – The Morality of Freedom. *Part 2: The service Conception of Authority* –

______ *et al. Conceptual Analysis, Law and Practices of Value* (Video). Princeton University – A University Channel. October, 20, 2006. Disponível em <https://www.youtube.com/watch?v=oRLWhQb3cWg>.

PERRY, Stephen R.. "Holmes versus Hart: The Bad Man in Legal Theory". *In: The Path of the Law and Its Influence: the legacy of Oliver Wendell Holmes Jr.*. New York: Cambridge University Press, 2000.

______. "Interpretation and Methodology in Legal Theory". *In:* MARMOR, Andrei (Ed.) *Law and Interpretation: essays in legal philosophy*. Oxford: Clarendon Press, 1995 (reprinted, 2006).

______. "Second-Order Reasons, Uncertainty And Legal Theory". *In: Southern California Law Review*, Vol. 62, March-May, 1989, numbers 3 & 4, p. 913 ss.

PLACANI, Adriana. *Authority Rules: Rule-Following and the Incompatibility Thesis.* Gianfranco Pellegrino (Supervisor). PhD Program in Political Theory Department of Political Science Cycle XXIV. Rome, March 2013.

POSTEMA, Gerald J. *Legal Philosophy in the Twentieth Century: The Common Law World.* United States of America: Springer, 2011.

______. ""Protestant" Interpretation and Social Practices". *In: Law and Philosophy*, Vol. 6, No. 3, Dworkin's "Law's Empire" (Dec., 1987), pp. 283-319. Springer. Disponível em: <http://www.jstor.org/stable/3504600>. Último Acesso em 16/06/2014.

RAWLS, John. "Two Concepts of Rules". *In: The Philosophical Review*, Vol. 64, No. 1 (Jan., 1955), pp. 3-32. Duke University Press. Disponível em: <http://www.jstor.org/stable/2182230>. Acessado em 26/11/2013.

RAZ, Joseph. "From normativity to responsibility etc". *3:AM Magazine.* Entrevista concedida a: Richard Marshall. Publicada em 1º de setembro de 2014, disponível em: <http://www.3ammagazine.com/3am/from-normativity-to-responsibility-etc>. Acessado em: 5 de setembro de 2014.

______. "On Normativity and Responsibility: Responses". *In: Jerusalem Review of Legal Studies,* (2013), pp. 1-15.

______. *O Conceito de Sistema Jurídico: uma introdução à teoria dos sistemas jurídicos.* Maria Cecília Almeida (trd.). São Paulo: Editora WMF Martins Fontes, 2012.

______. *Is there a reason to keep a promise?. (*October 16, 2012). Columbia Public Law Research Paper No.12-320; Oxford Legal Studies Research Paper No. 62/2012; King's College London Law School Research Paper No. 2014. Disponível em: <http://ssrn.com/abstract=2162656>. Acessado em 21/03/2014.

______. *From Normativity to Responsibility.* New York: Oxford University Press, 2011.

______. "Reason, Reasons and Normativity". *In: Oxford Studies In Metaethics,* Vol. 5, Russ Shafer-Landau, 2010 . Disponível em: <http://papers.ssrn.com/sol3/papers.cfm?abstract_id=1008795>. Acessado em 22/02/2013.

______. *The Authority of Law.* 2ª ed. New York: Oxford University Press, 2009.

______. *Between Authority and Interpretation: On the Theory of Law Practical Reason*. New York: Oxford University Press, 2009.

______. "The Argument from Justice, or How Not to Reply to Legal Positivism". In: PAVLAKOS, George (ed.). *Law, Rights and Discourse: The Legal Philosophy of Robert Alexy*. pp. 17-36, Oxford: Hart Publishing, 2007.

______. *Reasons: Explanatory and Normative*. Oxford Legal Studies Research Paper No. 13/2007. Disponível em: <http://papers.ssrn.com/sol3/papers.cfm?abstract_id=999869##>. Acessado em 23/03/2013.

______. "The Problem of Authority: Revisiting the Service Conception". *In: Minnesota Law Review*, Vol. 90, pp. 1003-1044, 2006. Disponível em: <http://papers.ssrn.com/sol3/papers.cfm?abstract_id=999849>. Acessado em 23/03/2013.

______. "The Trouble with Particularism (Dancy's Version)" Review of Ethics without Principles by Jonathan Dancy". *In: Mind*, Vol. 115, No. 457 (Jan., 2006), pp. 99-120. Oxford University Press. Disponível em: <http://www.jstor.org/discover/10.2307/3840635?uid=2&uid=4&sid=21104992431133>. Acessado em 11/03/2013.

______. "Personal Practical Conflitcs. *In:* BAUMANN, Peter; BETZLER, Monika.(Eds.). *Practical Conflicts: New Philosophical Essays*. Cambridge: Cambridge University Press, 2004.

______. *Value, Respect and Attachment*. Cambridge: The Press Syndicate of the University of Cambridge, 2004.

______. "About Morality and the Nature of Law". In*: American Journal of Jurisprudence,* Vol. 48, p. 1, 2003. Disponível em: <http://papers.ssrn.com/sol3/papers.cfm?abstract_id=1008801>. Acessado em 22/03/2013

______. *Practical Reason and Norms*. New York: Oxford University Press, 2002 (2nd ed.).

______. *Value, Respect and Attachment*. Oxford: Oxford University Press, 2001.

______. "Reasoning With Rules". *Current Legal Problems*, Vol. 54, pp. 1-18, 2001. Disponível em: <http://papers.ssrn.com/sol3/papers.cfm?abstract_id=999552>. Acessado em 22/10/2013.

______. *Engaging Reason*. Oxford: Oxford University Press, 2000.

______. *Ethics in the Public Domain: Essays in the morality of Law and Politics*. New York: Oxford University Press, 1999.

______. "Postema on Law's Autonomy and Public Practical Reasons: A Critical Comment". *In: Legal Theory*, Volume 4, Issue 01, March 1998. Cambridge Journals, pp. 1-20.

______. “Authority and Justification”. *In: Philosophy & Public Affairs*, Vol. 14, No. 1 (Winter, 1995), pp. 3-29.

______. “The Relevance of Coherence”. *In: Boston University Law Review*, Vol. 72, No. 2 (Mar., 1992), pp. 273-321.

______. “Morality as Interpretation”. Review of Interpretation and Social Criticism by Michael Walzer. *In: Ethics*, Vol. 101, No. 2 (Jan., 1991), pp. 392-405. The University of Chicago Press. Disponível em: <http://www.jstor.org/stable/2381871?origin=JSTOR-pdf>. Acessado em 11/10/2013.

______. “Facing Diversity: The Case of Epistemic Abstinence”. *In: Philosophy & Public Affairs*, Vol. 19, No. 1 (Winter, 1990), pp. 3-46.

______. “Facing Up: A reply”. *In: Southern California Law Review*, Vol. 62, March-May, 1989, numbers 3 & 4, p. 1153 ss.

______. “Liberating Duties”. *In: Law and Philosophy*, Vol. 8, No. 1, Rights, Duties and Legal Reasoning (Apr., 1989), pp.3-21. Disponível em: <http://www.jstor.org/discover/10.2307/3504627?uid=2&uid=4&sid=21104992431133>. Acessado em 11/10/2013.

______. *The Morality of Freedom*. Oxford: Oxford University Press, 1986.

______. “Dworkin: A New Link in the Chain”. *In: California Law Review*, Vol. 34, Issue 3, Article 15 (5-31-1986). Disponível em: <www.scholarship.law.berkeley.edu/californialawreview/vol74/iss3/>. Acessado em 22/10/2013.

______. “Value Incommensurability: Some Preliminaries”. *In: Proceedings of the Aristotelian Society*, New Series, Vol. 86 (1985 – 1986), pp. 117-134. Wiley. Disponível em: <www.jstor.org/stable/4545040?origin=JSTOR-pdf>. Acessado em 11/03/2014.

______. “Authority, Law and Morality”. *In: Monist*, 68:3 (1985:July) p. 295.

______. “Authority and Justification”. *In: Philosophy & Public Affairs*, Vol. 14, No. 1 (Winter, 1985), pp. 3-29.

______. “Ethics and the Rule of Law by David Lyons”. *In: Proceedings Mind*, New Series, Vol. 94, No. 373 (Jan., 1985), pp. 163-164. Oxford University Press. Disponível em: <www.jstor.org/discover/10.2307/2254715?uid=2&uid=4&sid=21104992431133>. Acessado em 11/03/2014.

______. *The Concept of a Legal System, 2nd Edition*. New York: Oxford Claredon Press, 1980.

______. *The Authority of Law*. Oxford: Oxford University Press, 1979.

______. (ed.). *Practical Reasoning*. Oxford: Oxford University Press, 1978.

______. *Practical reasons and norms*. Oxford: Oxford University Press, 1975.

______. "Legal Principles and the Limits of Law". *In: The Yale Law Journal*, Vol. 81, No. 5 (Apr., 1972), pp. 823-854.

______. *The Concept of a Legal System*. Oxford: Claredon Press, 1970.

RICOEUR, Paul. *From Text to Action*. Illinois: Northwestern University Press, 2007.

ROSEN, Arie. "The Normative Fallacy Regarding's Law Authority". *In*: WALUCHOW, Will; SCIARAFFA, Stefan. *Philosophical Foundations of the Nature of Law*. Oxford, UK: Oxford University, 2013.

SEARLE, John R. *Mente, Linguagem e Sociedade*. F. Rangel (trd.). Rio de Janeiro: Ed. Rocco, 2000.

_______. "Responses to Critics of the Construction of Social Reality".*In*: *Philosophy and Phenomenological Research*, vol. 57, nº 2 (Jun., 1997), 449--458. Disponível em: <http://www.jstor.org/stable/2953735>. Último acesso em 20/13/2014.

_______. *The Construction of Social Reality*. New York: The Free Press, 1995.

_______. "How to Derive "Ought" From "Is"". *In*: *The Philosophical Review*, vol. 73, nº 1 (Jan., 1964), 43-58. Duke University Press. Disponível em: <http://www.collier.sts.vt.edu/5424/pdfs/searle_1964.pdf>. Último acesso em 06/01/2013.

_______. *Speech Acts*. Cambridge: Cambirdge University Press, 1962.

SHAPIRO, Scott J. *Legality*. Cambridge, Mass: Harvard University, 2011

_______. *The Hart-Dworkin debate, a short-guide for the perplexed*. U of Michigan Public Law Working Paper No. 77, 2007

_______. "The Bad Man and the Internal Point of View". *In: The Path of the Law and Its Influence: the legacy of Oliver Wendell Holmes Jr.*. New York: Cambridge University Press, 2000.

SHINER, Roger A. "The Authority of Law by Joseph Raz". *In: The University of Toronto Law Journal*, Vol. 33, No. 4 (Autumn, 1983), pp. 460-485. The University Toronto of Press. Disponível em: <http://www.jstor.org/stable/825672>. Último Acesso em 19/02/2014.

_______. "The Morality of Freedom by Joseph Raz". *In: Philosophy*, Vol. 63, No. 243 (Jan., 1988), pp. 119-122.

SIMPSON, Aw Brian. *Reflections on the Concept of Law*. New York: Oxford University Press, 2011.

SOAMES, Scott. *Philosophy of Language*. Princenton: Princenton University Press, 2010.

SOPER, Philip. "Law's Normative Claims". *In*: GEORGE, Robert P (Ed.). *The Autonomy of Law: Essays on Legal Positivism*, 1996, 3rd ed.

STAVROPOULOS, Nicos. *Objectivity in Law*. Oxford: Clarendon, 1996.

STORK, Alfredo Carlos; LISBOA, Wladimir Barreto (ed.). *Norma, Moralidade e Interpretação: temas de filosofia política e do direito*. Porto Alegre: Linus, 2009.

TAYLOR, Charles. *Philosophical Arguments*. Massachusetts: Harvard University Press, 1995.

_______. *Sources of the Self: the making of the modern identity*. Massachusetts: Harvard University Press, 1995.

_______. *Human Agency & Language*. Cambridge: Cambridge University Press, 1985.

TOH, Kevin. "Raz on Detachment, Acceptance and Describability". *In: Oxford Journal of Legal Studies*, Vol. 27, No. 3 (2007), pp. 403–427. Disponível em: <doi:10.1093/ojls/gqm001>.

TOMÁS DE AQUINO. *Commentary on Aristotle's Nicomachean ethics*. Notre Dame: Dumb Ox, 1993.

TROPER, Michel. *Voluntarist Theories of Law: Ontology and the Theory of Legal Science. In:* AMSELEK, Paul; MACCORMICK, Neil. *Controversies About Law's Ontology*. Edinburgh: Edinburgh University Press, 1991.

TULLY, James. "Wittgenstein and Political Philosophy: Understanding Practices of Critical Reflection". *In: Political Theory*, Vol. 17, No. 2 (May, 1989).

VON WRIGHT, George Henrik. *Norm and Action: a logical enquiry*. New York: Routledge & Kegan Paul PLC, 1963.

WALLACE, R. Jay; PETTIT, Philip; SMITH, Michael; SCHEFFLER, Samuel (ed.). *Reason and Value: themes from the Moral Philosophy of Joseph Raz*. New York: Oxford University Press, 2006.

WALLACE, R. Jay (ed.). *The Practice of Value: Joseph Raz*. Oxford: Oxford University Press, 2003.

WALDRON, Jeremy. *Jurisprudence for Hedgehogs* (July 5, 2013). NYU School of Law, Public Law Research Paper No. 13-45. Disponível em: <http://www.law.yale.edu/documents/pdf/Intellectual_Life/LTW-Waldron.pdf>. Acessado em 24.09.2013.

_______. "Autonomy and Perfectionism". *In: Southern California Law Review*, Vol. 62, March-May, 1989, numbers 3 & 4, p. 1097 ss.

WALUCHOW, Will; SCIARAFFA, Stefan. *Philosophical Foundations of the Nature of Law*. United Kingdom: Oxford University Press, 2013.

WALUCHOW, Will. *Inclusive Legal Positivism*. Oxford: Clarendon Press, 1999.

_______. "The Many Faces of Legal Positivism". *In: The University of Toronto Law Journal,* Vol. 48, No. 3 (Summer, 1998), pp. 387-449. University of Toronto Press. Disponível em: <http://www.jstor.org/stable/826047>. Último acesso em 10/10/2013.

_______. "The Weak Social Thesis". *In: Oxford Journal of Legal Studies,* Vol. 9, No. 1 (Spring, 1989), pp. 23-55. Oxford University Press. Disponível em: <http://www.jstor.org/stable/764336?origin=JSTOR-pdf>. Último acesso em 11/10/2013.

WANG, Peng-Hsiang. *Are Rules Exclusionary Reasons in Legal Reasoning?.* Taipeh City (Taiwan). Undated. Disponível em: <http://idv.sinica.edu.tw/philaw/documents/Wang.pdf>. Último acesso em 09/10/2013.

WEINRIB, Ernest J. "Corrective Justice". *In: Iowa Law Review*, 1992.

WINCH, Peter. *The Idea of Social Science and its Relation to Philosophy*. London: Routledge, 2008.

WITTGENSTEIN, Ludwig. *Investigações filosóficas.* São Paulo: Ed. Nova cultural, 1999.

